トカイナカに生きる

神山典士

文春新書

1368

はじめに

トカイナカの魅力

「都心から１時間～１・５時間エリアのことを、私は『トカイナカ』と呼んでいます」
そう語るのは、すでに１９８５年から所沢と都心の二拠点生活を実践している経済評論家・森永卓郎だ。（「埼玉トカイナカジャーナル」２０２０年12月発行第６号）
いまから約35年前、森永は日本専売公社から経済企画庁に出向中に、経済モデルを動かしていたら「バブル経済（空前の金余り状態）の到来」がわかった。まだ「バブル」という言葉もなかったころのことだ。余った金は土地に行く。地価が上がる。そう直感したが、当時年収３００万円の森永に買えたのは妻の実家に近い埼玉県所沢の物件だった。すでに当時からさまざまな「無価値なもの（本人談）」のコレクションを始めていて、そのために一部屋必要だったから、一戸建てにこだわり神奈川県川崎市溝口から所沢の郊外に引っ越した。

やがて２０００年からはテレビ朝日系の「ニュースステーション」に出始めた。当初は番組がホテルを取ってくれたが、その後退職してフリーランスになったことで事務所を中央区八丁堀に購入。平日は東京にいて週末所沢に帰る二拠点生活を始めた。

「そのころから所沢のことを『トカイナカ』と呼んでいましたが、あまり人は振り向いてくれませんでした。それがここにきて一気に変わりました。コロナの影響で」

２０２０年４月、最初の非常事態宣言が出されたころ、トカイナカの所沢からみると都心の生活者は不幸にみえた。外出自粛でレストランや居酒屋での飲食や各種エンタテインメントを享受できない。会社の仕事はリモートとなり、なにも高い家賃（あるいはローン）を払って都心にいなくても仕事はできる。都心では満員電車や人ごみの中で、常に感染に怯えていなければならない。

「なんのために高い家賃（ローン）を払うのか？　馬鹿らしいと思った人がたくさんいると思います」

それに対してトカイナカ生活は、全くノーストレスだと森永は言う。

「私はこの間、極力外に出ないようにして本を５冊も書いてめちゃくちゃ忙しかった。このエリアには人の生活に必要な教育、医療、福祉が全て揃っています。お受験はないけれど必要な教育はある。父が都心で介護施設に入ろうとしたら月額費用が40万円で入居金が１億円と聞いてびっくりしました。所沢の施設ならば入居金はタダ。比べると施設の場所と、設《しつら》えがホテル並みに豪華なのか質素なのかの違いだけ。施設が都心にあるというだけで大金を支払うのはナンセンスです」

　森永は２０１８年から家の近くに農地を借りて農業を始めた。するとそこには地域住民のコミュニティができていて、肥料も種も土もくれる。耕運機もタダで貸してくれる。まるで資本主義ではない国に来たようだったと森永は笑う。

「その畑で私は栽培では失敗に失敗を重ねるんですが、見かねた人がつくり方を教えてくれてできたのが奇跡のスイカ。人生で一番美味しいスイカができました。10個のうち１個を大家さんにあげて、それで地代もタダになりました」

　そういう経験を重ねた上で、森永は経済の専門家としてこう語るのだ。

「私の専門は厚生経済学といって『どうやったら人を幸せにできるか？』を考える学問なのです。答えは一つ、『トカイナカ生活』です」

人々の意識の変化～若者たちも流出しはじめた

コロナ禍が全世界を襲い、日本でも政治経済が右往左往し続けたこの2年半の間で、都心から郊外に向かって人の流れが「逆流」し始めている。

東京都の発表によれば、コロナ禍で初めて非常事態宣言が出された2020年4月の段階では、都の人口の対前月比増減数はプラス約3万人を記録していた。そこから急降下して6月にはマイナスとなり、以降22年1月の段階でマイナスのまま。通常なら転入超過となるはずの新入学入社期を迎えてもプラスに転じることはなかった。20年のトータルでの転出者数は約40万2000人で、1998年以来22年ぶりの40万人超となった。

しかも特別区（東京23区）と市町村部に分けてみると、市町村部の人口は19年8月（つまりコロナ禍の前）から21年5月まで対前年同月比増減率で＋0・2％程度を維持しているが、特別区ではコロナ前には0・8％を超えていた数字が20年4月以降減少に転じ、21年2月にはマイナスを記録。以降5月まで減少幅は拡大して、2020年1年間の転出者は前年より約1万9000人増えた。

年齢別に見ても、20年4月から21年3月までの1年間の対前年度比増減数は、20歳から49歳の5歳刻みの全6階層でマイナス4000人以上を記録。最大は25～29歳のマイナス

１万３４６８人で、６階層全体では５万６５９９人の減少だ。これまで言われてきた「東京は若者に人気」というイメージを覆す結果となっている。

ふるさと回帰の低年齢化

いうまでもなくこれまで日本では、東京への一極集中が問題視されてきた。人々の流れは明治維新以降約１５０年間一貫して「地方から東京へ、あるいは大阪名古屋の大都会へ」。人々は「上り列車」に乗ることが幸せだと信じ込んできたのだ（あるいは様々な国策により「信じ込まされてきた」と言ってもいい）。

ところがコロナを機に、このデータが示すように「逆流」が始まっている。２００２年から20年間、都会から地方への人の流れを見てきた、有楽町にある「認定ＮＰＯ法人ふるさと回帰支援センター」理事長高橋公は、その現象をこう表現する。

「コロナ禍で２０２１年の相談件数は過去最多の４万９５１４件になりました。当初の相談者のイメージは定年後のふるさと回帰者でしたが、いまでは低年齢化して50歳以下の現役世代がほとんど。しかもコロナ前までと大きく異なるのは、移住希望先の変化です」

同センターの構想は２０００年当時、自治労本部から連合の社会政策局に出向していた高橋が、「団塊の世代」と呼ばれた全国の同世代の労働者を見て閃《ひらめ》いたものだった。

「私は昭和22年生まれ。中学・高校時代のクラスメートの約半分が集団就職列車に乗って東京を目指した世代です。彼らが60歳定年を迎える２００７年以降どうしたいのか、三大都市圏の５万人を対象にアンケートをとったら約４割が『ふるさとに戻り退職金で悠々自適に暮らしたい』と答えた。ところが当時、彼らがふるさとに戻るシステムも帰郷後の生活をフォローする制度もなかった。それではふるさとに戻ろうにも戻れない。このままでは約40年間都会で汗して働いた彼らが可哀相だ。そう思って連合に関係のあった生協や農協等に交渉して、彼らがふるさとに帰りやすい社会をつくる運動を始めたのです」

つまり「上り列車」の乗客が、定年後に「下り列車」に乗って幸せになれるような社会づくりを、イメージしてできたのが同センターだったのだ。けれどいまその乗客は「30代から50代の現役世代」が中心となった。

静かな革命

しかもその行き先（移住や二拠点居住の希望地）にも、コロナ禍で大きな変化がある。高橋が語る。

「これまでは長野県が3年連続首位でした。人気は北海道や沖縄、岡山、広島、福島（震災前）といった遠方にありました。つまり『都会を捨てる移住』がメインだったのです。ところがコロナ禍の2020年のデータでは首位は静岡県、トップ10に山梨、神奈川、群馬といった首都圏とその隣接県が入り、茨城は12位、栃木も13位です。つまり『都会を意識した移住』が主流になった。これは明らかにコロナで広まったリモートワークやワーケーション（リゾート地でワークする意味の造語）を意識した移住や二拠点居住希望者が増えた証拠。つまり『転職なき移住』です。私はこれを『静かな革命』と呼んでいます」

この傾向は他のデータでも顕著だ。

雑誌「アエラ」（2021年5月31日号）によれば、東京23区からの移住者が増えた近郊の自治体としては1位が神奈川県藤沢市、2位が東京都三鷹市、3位が神奈川県横浜市中区、4位が東京都小金井市、5位が神奈川県川崎市宮前区。東京23区を中心に、コンパスをグルリと一回転させたような同心円状となっている。いずれも都心からは1〜1時間半圏内。21位に栃木県宇都宮市、22位に長野県軽井沢町があるのは新幹線で1時間の距離だからだ。

この圏内ならば、リモートワーク生活を満喫できる。毎日通勤するのは厳しくても、週に１、２回程度の出社なら苦にならない。むしろ始発電車で座って読書やＰＣワークに集中できる。休みの日は、豊かな自然環境の中で子育てや趣味を楽しめばいい。

そういう「都会を意識した移住、二拠点居住」「転職なき移住」「時々は都会に通える移住」を志向する人が明らかに増え始めたのだ。もちろんコロナ禍を機に始まったリモートワークやワーケーションの流れがあってこその現象だ。

冒頭に紹介した森永は、この状態を１９８５年に「予言」していた。日本全体がバブル経済に浮かれている水面下で、すでに人口減少地方の疲弊は確実に進んでいたのだから、やがて「トカイナカ」に光が当たることは自明だった。コロナでやっと、そのことが顕在化したのだ。

実は私自身、今回顕在化した「人の流れの逆流」は、この国の未来にとって「東京一極集中を解消する千載一遇のチャンス」と考えた。これまで多くの人が「上り列車」に乗らないと幸せになれないと考えてきた。だから地方は疲弊し、過疎化、高齢化が進んで「シャッター商店街」ばかりになった。現在の日本の最大の課題のひとつはここにある。これからは人が逆流して「トカイナカ」での生活を始めれば、そこにビジネスも生まれるし、

「下り列車に乗った幸せづくり」という新しい生き方が定着する。

故郷埼玉の発展を考えても、人口の減少幅を抑え（もはや減ることは仕方ないが）、関係人口（その町に居住しなくても愛着を持ちファンとなる人々）を増やすことが必要だ。ジャーナリストとして埼玉トカイナカの魅力を発掘発信して関係人口や移住者、二拠点生活者を呼び寄せれば、次世代を考えた社会貢献にもなるのではないか。そう考えて私はまさに都心から電車で１・５時間の埼玉県ときがわ町に７ＬＤＫの大型古民家を借り、「ソーシャルシェアハウス・トカイナカ」として同居者を募集。自分でも二拠点生活を始めた。

同時に千葉、神奈川、栃木、山梨等の「トカイナカエリア」を訪ねて、それぞれのスタイルでトカイナカ生活を実践している人たちを取材して歩いた。

移住も二拠点生活も、始めるときは覚悟も決断力もいる。そこで二の足を踏む人も多い。もちろんやたらに始めればいいというわけでもない。流行に乗ったファッションとしての移住では、地元の人々は受け入れてくれない。コミュニティの住人になれない。

新しい生活には目的が必要だし、それを得るためにはその地で持続可能な生活スタイルを獲得しなければならない。その意味で、トカイナカ生活の目的をいくつかに絞り、それらに向かってすでに持続的に活動している人たちの実態をレポートすることにした。

「トカイナカで起業する」「ローカルプレイヤーになる」「よそ者力を発揮する」「有機農業をする」「パラレルワークする」「人生や働き方を変える」「古民家で生活する」。

そんな切り口で、トカイナカ生活を実践している人たちを描いていこうと思う。

間違ってはいけないのは、コロナが終息してもはや前の生活に戻れることはないということだ。コロナのニューノーマル（新しい生活様式）を体験してしまった我々は、もう満員電車に乗らなくても仕事ができると知ってしまった。全国各地の顧客ともリモートで商談できる。社内会議もできる。全国から人が集まるシンポジウム等も、むしろ開催しやすくなった。リモートワークは交通コストも家賃も下げてくれた。何より学校でリモート授業を体験した10代は、「リモートネイティブ」として、何の不自由もなくネット経由のコミュニケーションを楽しんでいる。

私たちの働き方は、コロナで多様になった。それは生き方が多様になったことを意味する。

私たちは「トカイナカに生きる」。

新しい人生の扉がそこにある。

トカイナカに生きる　目次

第1章

トカイナカで生き方、働き方を変える

――神奈川県鎌倉市、長野県軽井沢町

1．好きと嫌いのスイッチがオフになる都会暮らし

市版ＳＤＧｓ調査対象になぜ東京23区が含まれないのか

「東京23区に居住している人は、今回の『市版ＳＤＧｓ調査』では対象外にしました。なぜなら住んでいる地域に対する帰属意識が低すぎるのです」

　東京新橋の雑居ビルに入ったオフィスで、同調査を行った「ブランド総合研究所」田中章雄代表は淡々とそう語り始めた。

　このとき私は、高校時代を過ごした第二のふるさと埼玉県川越市が「市版ＳＤＧｓ調査２０２０」で日本一に輝いたことを受けて、その理由は何なのか、どんなデータが出たのかを聞きに、同研究所を訪ねていた。

　同調査は全国の人口40万人以上の中核市＋政令指定都市＋県庁所在市、計83都市を対象とし、各都道府県平均１６０人、総計約１万３０００人を抽出。プレ調査を２回行い、インターネットで集計された。調査項目は１０６。その中で居住する町に対する「幸福度」「生活満足度」「愛着度」「定住意欲度」「ＳＤＧｓ認知度」「金融商品への投資経験」の６つをメイン項目として調査する。住民と町の相性から、自治体の持続可能性を測ろうとい

う調査だ。
例えば「幸福度」の質問は一つだけ。「あなたはいま幸せですか？」。単純にこの質問に対して幸せかどうかを5段階で評価してもらう。答えには、いろいろな理由と尺度があるだろう。結婚できて幸せだ。子供が生まれて幸せだ。中には当然、「この町に住んでいて幸せだ」という理由もある。けれど同調査では、「あなたは川越に住んで幸せですか？」とは聞かない。そう聞くと、「川越でなかったらもっと幸せだったかも」というバイアスがかかり、答えがぶれるからだ。質問はあくまでもシンプルがいいのだと田中は言う。

その結果、川越市は「幸福度」が全国1位、「生活満足度」4位、「愛着度」10位、「定住意欲度」13位。どれも高い数字が出た。「幸福度」2位以下は石川県金沢市、兵庫県西宮市、兵庫県明石市、北海道札幌市、兵庫県神戸市など、他の調査でも高得点をマークする有名都市が続く。この中で川越市が1位になったのは、市民ならずとも驚きだった。

けれど不思議だったのは、そのランキングの中に東京都の都庁所在地、新宿区のデータがなかったことだ。いやそれだけでなく、隈なく見ても他の22区の名前もない。

「なぜこのデータの中に東京23区の数字がないのですか？」

私がそう質問すると、田中の答えはこうだった。

「東京都民は『東京』に対しては帰属意識があっても、住んでいる『区』には帰属意識が薄いんです。だからこの調査では対象外としました。例えば品川駅って何区にあるかご存じですか？」

田中に問われて改めて調べてみると、品川駅は港区にある。目黒駅は品川区。新宿駅の一部は渋谷区。つまり「あの人は品川駅を使っているから品川区民」と思われていても、実は港区民だったりする。あるいは「どこに住んでいるの？」と聞かれたら、品川駅の利用者は、港区民でも「品川です」と答えてしまうケースもあるだろう。居住区がどこであろうとほぼ生活に支障はないからだ。

私自身、豊島区の池袋本町に住んでいるが、使っている駅はＪＲ埼京線板橋駅。30年来通っている居酒屋は、名物女将のいる板橋駅前の「明星」。だから友人に「どこに住んでいるの？」と聞かれれば「板橋」と答えるし、正確な住所を聞かれれば「豊島区」と言うし書く。どちらに愛着があるかと問われたら、断然「明星」がある「板橋」だ。もちろん人により居酒屋以外にも愛着の理由は山ほどあろうが、その程度の理由で帰属意識が変わってしまうのが都民の意識のアベレージといっていい。

実際、予備調査でも、区に対する「幸福度」や「愛着度」では「無回答」が多かった。

居住区に対する帰属意識や愛着度はその程度。「だからこの調査からは外す」と、田中はそう語るのだ。

その言葉を聞いて思った。改めて考えてみると、都心の居住者は自分が住む町を自分の好みで決めていないのではないか？　「町」の魅力やポテンシャルよりも、ほとんどの人が「会社（学校）から何分」「ターミナル駅から何分」「自宅の価格（賃料）が手頃」といった「条件」優先で住まいを選んでいる。私自身、子どもが生まれて当時住んでいた北区十条のアパートが手狭になった時、引っ越し先の条件は「ローンの額が手頃な物件」と「居酒屋明星に近いこと」。だから豊島区でも板橋区でも北区でも、どこでもよかった。

つまり東京都民は主体として町を選ぶのではなく、条件に「選ばされて」いる。その町が持っている環境や歴史、文化度などは二の次三の次。言ってみればいま地方都市が必死になって集めている「関係人口」に対して、都民は「無関係人口」だ。そんな人々が世田谷区91・7万人、練馬区73・8万人、大田区72・9万人の大半だとしたら、ぞっとする状況だ。

そのことを、今回トカイナカ取材の中で、別の言葉で表現する人に出会った。

「東京の人は自分の『好きと嫌いのスイッチ』を『オフ』にしていると感じるんです」

そう語ったのは、鎌倉にある面白法人カヤック社に2019年に転職した中島みきだった。その意味は、満員電車が「嫌い」でもあえて考えないようにして毎朝我慢していたり、本当は海が「大好き」なのに都内のマンションに暮らしていたり、経済的な理由で、スイッチをオフにせざるを得ないのが都会だというのだ。

中島自身、前職の大手IT企業時代は新宿区四谷三丁目に住み、会社まで地下鉄で2駅という環境だった。転職後に「熱海」のふるーいリゾートマンションを借り、二拠点生活をはじめた。その後妊娠し、いまは鎌倉にも家を持って三拠点生活となった。高校時代以来ずっと続いた東京暮らしとは別のトカイナカの視点を持つようになってから、彼女は東京の人々が持っている「好きと嫌いのスイッチがオフ」の状態に気付いたという。

そこから中島の働き方と人生が少し傾いた。いや、変わったと言っていいのかもしれない。そのことを語る彼女の言葉に耳を傾けると、SDGs調査から東京23区が外された理由も納得できた。その理由とは——。

2. トカイナカの視点を持ってみえてきたこと

カヤックという新しい価値

　中島が所属する「面白法人カヤック」は、「鎌倉資本主義」を標榜するユニークな企業だ。１９９８年に慶應義塾大学湘南藤沢キャンパス（ＳＦＣ）出身の３人の若者がＷｅｂ制作などを手がける合資会社として誕生し、２００２年に本社を鎌倉に移す。カヤックとはこの３人、貝畑政徳、柳澤大輔、久場智喜の頭文字からとっている。途中業務拡大のために一度拠点は横浜に移ったものの、本社は一貫して鎌倉に置いている。資本金５億３７００万円、従業員約５００名（グループ会社含む）、売上高約87億５０００万円。現在では各種Ｗｅｂの企画制作や、スマートフォン専用アプリの制作などをしている。

　そうした主要事業から見れば、「ＩＴ企業、ソフト会社」といっていい。だが彼らはそういう属性に括《くく》られるのを拒み、頑なに「面白法人」「鎌倉資本主義」を組織の「顔」として前面に押し出している。「面白法人」は、文字通り事業として「面白いこと」を追求して利益も上げる企業であることを目指し、「鎌倉資本主義」は鎌倉を舞台に「新しい資本主義」を展開することを意味している。

　代表取締役ＣＥＯ柳澤大輔の著書『鎌倉資本主義』（プレジデント社）によれば、そのコンセプトはこう定義されている。

――「なぜ鎌倉?」とよく聞かれる。答えは簡単で、カヤックの立ち上げメンバー3人が、学生時代に好きだった場所だから。誰も鎌倉出身ではないが、起業した頃から「いつか鎌倉に住んで、鎌倉で働こう」と思っていた。（中略）ぼくたちが考える「地域資本」は、次の3つの資本で構成されている。「地域経済資本～財源や生産性」。「地域社会資本～人とのつながり」。「地域環境資本～自然や文化」。（筆者抜粋）

例えば「地域社会資本～人とのつながり」の具体例として、カヤックでは普通のIT企業としての事業だけでなく、鎌倉という地域内で「まちの保育園」、「まちの社員食堂」、「鎌倉R不動産」などを企画運営している。

ちなみにこの日の中島のインタビューも、鎌倉駅から歩いて約5分、商店街から小道を少し入った所にある「まちの社員食堂」で行われた。

建物は普通だが、壁にはいくつかの町の既存のレストランの看板が飾られ、週替わりでその店のスタッフが調理する。鎌倉を拠点とする企業や団体が会員企業として参画し、その組織の社員は定価から割引になる。もちろんまちの食堂なのだから、社員だけでなく鎌倉で働く人、生活する人であれば誰でも利用することができる。

柳澤によれば、「従来の社員食堂は閉じているところが面白くない。開いた社員食堂をつくれば、そこから交流やアイデアが生まれる」。

つまり地域社会資本を体現した食堂なのだ。

柳澤は『鎌倉資本主義』の中で、現代社会に対する提言としてこうも書いている。

「ＧＤＰ以外にもモノサシを持とう。ＧＤＰという指標は、物質的な豊かさとリンクすることから、戦後復興から高度成長期にかけて便利に使われてきた。けれどここにきて、ＧＤＰの増大が豊かさと直結するわけではないことに多くの人が気付き始めている。ＧＤＰだけを追い求めた結果として、『地球環境汚染』や『富の格差の拡大』等の大きな問題が起きている。そろそろＧＤＰに代わる、あるいはＧＤＰを補足する新たな指標が必要ではないだろうか？」（筆者抜粋）

そう考えて辿《たど》り着いたコンセプトが「まちの社員食堂」であり、地域を中心とした新しい資本主義の形、「鎌倉資本主義」なのだ。鎌倉もまた都心から約1時間、立派なトカイナカだ。つまりトカイナカを舞台に、その自然や文化、そこに集まった人間を「資源」として、面白いことを企画し、地域を活性化しながら成立していこうとする企業だ。

そこではＧＤＰ以外の価値も認められる。だから既成の価値観以外の価値が生まれてくる。ある日ある時、その魅力に惹かれて転職してきたのが中島だったということになる。

自分自身の力を試したい

都内にある資本金約87億円、売上高８９７１億円の巨大ＩＴ企業で働いていた中島がカヤックと出会ったのは、２０１６年頃のこと。岡山県で林業を中心とした地域再生の成功モデルと言われる西粟倉村がその舞台だった。その時初めて柳澤と出会い、挨拶をしてなにがしかの話をした。その３年後、互いの事情が変わる中で再会の機会があった。

中島は再会当時の自分自身をこう語る。

「大きな会社で広告事業の責任者をしていたのですが、自分個人の能力としてどれだけのものがあるんだろう。名刺とか会社名とかなしに、私個人としてどれだけのことができるのか？　漠然と不安を感じていたころでした。そんな時に柳澤さんから『新しい事業を立ち上げたからやってみませんか？』と声をかけていただいたのです」

その事業とは、「移住や二拠点生活のマッチングサイト」だった。まさに柳澤が普段から行っていることのネット化、事業化だ。

カヤックには、「職住近接＝鎌倉周辺に移住して働く」というムーブメントがある。鎌倉市内に住む社員には、住居補助金３万９０００円が出る。逗子市内だと２万９０００円、葉山町だと1万9000円。すでに社員の3割がこの制度を利用している。

金銭的な補助制度を作っただけでなく、柳澤はしょっちゅう社員や関係者、取引先の人間を口説いている。

「鎌倉はいいよ。住んだら最高だよ。ぜひ一度お試しできてみてよ」と。

その「熱意」をサイトにしたのが、2018年6月に生まれた「SMOUT」だったのだ。

移住者や二拠点生活者を呼び寄せたい自治体や企業団体と、地方に移住・二拠点生活をしたい人をマッチングさせるサービスだ。カヤックはそのサイトを企画制作し、ビジネスとして事業化した。その事業のリーダーとしてスカウトされたのが中島だった。

これまで移住といえば、現地に出かけるかネットで調べる、あるいは都心にある相談ブースに出向くかセミナーに参加する。当たり前のことだけれど自分から動くことでしか情報を得る機会はなかった。

ところがSMOUTは、「地域から声がかかる移住スカウトサービス」と銘打って、「情報は向こうからやってくる」。サイトには全国様々な自治体や団体の「移住二拠点生活者呼び寄せプロジェクト」の情報がアップされる。利用者はサイトに予め複数の「移住を希望する都道府県市町村名」「希望するプロジェクトの内容」等を登録し、それにマッチした情報がでると、利用者に送られてくる。まさにその人に特化したプロジェクトから「声がかかる」のだ。

その手軽さから、ローンチ（立ち上げ）以降徐々に利用者は増え、会員登録1万人までに約1年半かかったものが、次の1万人の増加は半年で達成された。

中島がこのサイトの責任者としてカヤックに招かれたのは、ローンチから約1年後の2019年5月。まだコロナ前のことだった。その使命は「登録者・利用者を広げる」ことと「事業の黒字化」。こう振り返る。

情報を金銭換算しないサイト

「最初に思ったのは、移住希望者は『どこに住むか？』ということよりも『どんな暮らしがしたいか？』ということを考えるもの。ただビジネスとして考えると、この動きにマネタイズする（利益を出す）のは難しい。前例がないサイトでしたから。でも自分でも『個人の力でどれだけできるか』といったことを漠然と考えていたときだったので、やってみようと思ったのです」

まず中島が考えたのは、「人は移住情報にどれだけのお金を払うか?」ということだった。これが地方の不動産情報ならば、人はその情報の価値を理解できる。不動産には価格があり、その何割が手数料になるか経験的にわかっている。

けれど「この地域はこんなにいい所です、自然に溢れています、いいコミュニティがあります」といった移住情報を「貨幣」に換算する習慣は、まだ日本の市場にはない。そこではモノが動かない。動くのは情報だけ。情報はただだと思っている人が少なくない。

そこでカヤックと中島は、サイトの中から徹底的にお金の情報を排除する作戦をとった。中島はこう語る。

「SMOUTに載る情報の価値はお金で表さないことにしました。その思いであったり価値観を前面に出していただいて、利用者からは『共感』のフラッグを立てていただく。お金のことは気になるだろうけれど、その地域に共感した人には判断する物差しを変えてもらおうと思ったのです」

たとえば私の例で言えば、埼玉県ときがわ町に「ソーシャルシェアハウス・トカイナカ」を作った。そのオーナーとしてSMOUTにメンバー募集の情報を載せたのだが、不動産情報のように家賃とか部屋の広さを表示する欄はない。書き込むのは、「田舎暮らしのエントランス（入り口）としてシェア生活しよう」とか、「ときがわ町は起業の町で、すでに多くの移住者が様々なビジネスを展開している」といった情報がメインとなる。それに共感した人が「興味ある」のボタンを押すと私のアドレスに繋がり、メールのやりとりを経て「お試し利用、お試し宿泊」をしてみるという流れになる。

　ＳＭＯＵＴを利用するオーナー側（移住二拠点生活者を呼び寄せたい自治体や団体）は月に5万円から8万円を支払うと何度でもこうしたプロジェクト情報をアップでき、それを見た利用者と繋がってスカウトできる。金額に応じてそのサービスは手厚くなるシステムだ。ちなみに私は無料で利用しているので、トカイナカにアプローチする人に直接返信できるのは月5人まで。それ以上の人とは通信できない。月5万円＋税プランだと月10人まで、月8万円＋税だと無制限に通信できる。中島が言う。

「これまでの移住サービスは、この町にはこんな仕事があって給料はこれくらいとか、不動産もこれくらいの家賃で借りられるとか、全ての情報を貨幣価値に換算していました。でもその考え方だとどうしても、東京からここに移住したらお給料が減る、いまさら生活水準は下げられない、いまのままでいい、となります。そういう『現在の物差し』を捨てないと結局現状から離れられない。だから貨幣価値とは切り離すことにしました」

実はこのことは、中島は自分の身をもって体験したことだった。中島は転職して約半年後、コロナ禍になってから熱海にマンションを借りて二拠点生活を始めた。夫の仕事も完全にリモートになったから、都心に住む必要はない。まして外出できないなら、都心に住んでいても町中や店内での人との偶然の出会いも期待できない。ならば自分もトカイナカに暮らしてみよう。お金はかかるけれど、ＳＭＯＵＴを担当する自分への投資だ。そう思って二拠点生活を始めてみると、自分自身にこんな変化があった。

貨幣価値と切り離した共感

「熱海にはそもそも前からの知り合いがいて町づくりの活動をしていました。コミュニティをつくってワイワイやっていて楽しそうだったんです。これを機に私も、熱海にも生活のベースを持てば彼らと一緒に活動できるなと思いました。彼ら彼女らの活動を目の当たりにしたら、本当に肩書なしで自分の力で動いている。羨ましいと思ったんです」

熱海には、シャッター商店街からの復活を綴った『熱海の奇跡』（東洋経済新報社）という著書を持つ市来広一郎（民間まちづくり会社machimori代表取締役）がいる。彼を中心とするコミュニティには、空き家になった古民家をリノベーションしてコ・ワーキングスペースやゲストハウスを作って経営している人や、起業家支援プロジェクトや複業プロジェクトを手がける人などがいる。移住者もいれば、地元のお寺の娘さんもいる。彼女たちはみな地域の課題を前にして、自分自身の力で解決策を生み出している。

彼女たちが生み出す利益や手にする収入は、東京のビジネスマンには及ばないかもしれない。けれど中島にはその姿がかっこよくみえた。自分にないものを持っていると感じた。それは、中島自身の価値観が変わった証拠だった。

その経験があったからこそ、ＳＭＯＵＴでは「貨幣価値と切り離した共感という価値」を自信を持って提示できたのだ。

さらにコロナ禍が進行する中で、中島にはもう一つ感じるものがあった。

好きと嫌いのスイッチがオンの人たち

「コロナ以前の移住希望者は個人事業主やフリーの人が多くて、けっこうしっかりした思いややりたいこと、実現したいことがみえている人が大勢いたんです。ところがコロナ禍でサラリーマンやＯＬがリモートワークになり『どこに住んでもいい』と思って移住先を探し始めたら、『自分の好きな場所ってどんなところ？』『私って何が好きだったの？』と、そこから悩む人が増えた印象なんです。そういう人たちをみて、熱海の仲間と話題になったのが――」

――東京に住んでいる人って、これまで「好きと嫌いのスイッチ」を「オフ」にしていたんじゃないの？　ということだった。

コロナ禍でリモートワークになると「満員電車の通勤は嫌で嫌で仕方なかった」、「渋谷駅の乗り降りは吐き気がするほど嫌だった」と言いだす人が増えた。でもそれまでは毎日満員電車に乗っていたし、渋谷の会社に通っていたのに。その人はたぶん、「嫌い」のスイッチをオフにしていたのだ。

熱海にきて夜空を見上げたら、「うわー、満天の星」と感動している人がいた。ならばもっと早くから星空が綺麗な町に移り住めばよかったのに。きっと「好き」のスイッチをオフにしていたのだ。

「つまり私自身も含めて東京に暮らす人は、好きも嫌いもオフにしてひたすら東京に慣れることに必死だったんじゃないかって話したんです。なんとなく東京に居ることで安心していた。東京の生活に慣れることで納得していた。全てが受動的です。能動的じゃない。東京に慣れていく自分を好きになっていく。どんどん東京に飲み込まれていく。そういう生活だったのだと気付きました」

本章の冒頭に記した「市版ＳＤＧｓ調査２０２０」で東京23区民が対象外になったのは、言いかえれば住んでいる地域への好きと嫌いのスイッチをオフにしている人が多いからだ。だから「好きですか？」と聞かれても無回答が多くなる。愛着度も幸福度も、好きか嫌いかはっきり表現できる人でなければその尺度は測れない。

例えば熱海の友人たちは、好きと嫌いのスイッチは全開でオンだ。これが好きという古民家のリノベーションは一生懸命行うし、好きな熱海の町おこしには必死に取り組む。逆に嫌いということは徹底的に生活から排除する。その生き方がかっこいいと中島は心底思う。熱海というトカイナカの視点を獲得したことで、その生き方に「共感」したのだ。

都会の堤防

私は中島のその言葉を聞きながら、それは「都会の堤防」だなと思った。私を含めて都会に住む人間は、好きと嫌いのスイッチをオフにして都会の堤防の内側で暮らしている。その内側に不満や不快という水が溜まっても、堤防が決壊するまではこの生活に「馴染んで」いる。慣れてしまえば楽なのだ。堤防が自分を守って（＝東京が生活スタイルを決めて）くれるのだから。

ところが今回コロナ禍が起きて、この堤防が決壊した。決壊してみると、そこには好きと嫌いのスイッチをオンにする新しい暮らしが待っていた。その新しい価値観から見ると、堤防の内側は何と窮屈だったことか。あんなにかっこいい、快適と思えた都会暮らしは、単に「与えられたモノ」でしかなかったのだ。

そのことに気付いた中島はいま、妊娠を機に鎌倉にも拠点を持ち、子どもが生まれたらどんな生活にしようか模索中だ。

もちろんそこは堤防の外側だから、名刺も東京も自分を守ってくれない。全ては自分で決める。自分自身の物差しで、好きか嫌いかを判断する。もちろんそのことに不安はあるが、それを大きく凌駕する喜びもまたある。その価値観に「カヤックと熱海（＝トカイナカ）で出会った」と中島は言う。

おそらく本書の読者を含めて多くの人が、この堤防の内側と外側のぎりぎりのところで迷っているのだろう。堤防の内側でこれまでの物差しで生きていくか？　思い切って堤防を乗り越えて新しい物差しに変えてみるか？　そう簡単には決断できることではない。

けれど何かの理由で（例えばコロナで）堤防が決壊してしまったら、もう待ったなし。

自分自身で踏み切るしかない。これは中島に限った事例ではない。コロナ禍のニューノーマルとして、トカイナカと出会って人生を変えた人はたくさんいる。

本章ではもう二人、20代の若者の事例を紹介しよう。ところは軽井沢。大正時代から続く日本一の高級別荘地。そこで堤防の外に出て、一風変わった新しい生活を始めた二人がいる。彼らはそこで、こんな人生をつかんだ。

3. 軽井沢で知った「人を繋ぐ」働き方

高校時代からの友人二人で農業を

長野県軽井沢町。雄大な浅間山をバックに、約1反の畑で農作業を続ける二人の若者がいる。そのスタイルは遠目にも垢抜けて爽やか。昔ながらの農民という印象ではない。

早朝のひんやりとした気持ちいい冷気と朝靄《あさもや》がたちこめる中、まだ別荘もショッピングモールも眠っているこの時間に、ハーブ畑の収穫作業を黙々とこなす二人。いったいなぜ彼らは軽井沢で農作業をしているのだろう？

「ぼくは25歳でこの町に移住してきて5年目。レストランとショップを運営しています。

そして、彼は東京と軽井沢を行き来して二拠点生活をしている友人の岡澤光央くんです」

そう語ったのは船倉裕作だった。で、なぜ農業を？

「ハーブ畑は地元の農家さんのもので、ぼくらは手伝いです。この畑以外でも地元の農家さんに教わりながら無農薬野菜を育てています。野菜は自分たちのレストランで提供したりオンライン販売したり、東京にも場所を確保できたら産直販売したいと思っています」

取材当時、二人は共に29歳、横浜生まれ。かつて高校時代は毎日どちらかの家に泊まって学校にいくほど仲がよかった。卒業後二人はそれぞれ別の大学に進学したが、船倉は並行して役者の世界へ。誰もが知る大作映画にも出演した。岡澤は東北の震災後にボランティアを経験。南米をバックパック旅行をしたりした後、大手ＩＴ企業に就職。いまも都内でバリバリ働いている。

二人はいま、ここ軽井沢でチームを組み「追分男子」を名乗る。メインの仕事場は中軽井沢の駅から車で5分ほどにある星野リゾートの人気スポット「ハルニレテラス」内の店舗「モリアソビ」。ここでアウトドアリビングの雑貨屋とレストラン、夜はバーも運営している。船倉は軽井沢に住み、店の経営と農業などのパラレルワーク（複業）で寝る間もないほど忙しい。

岡澤は港区の一流企業とのダブルワーク。週に１、２度東京―軽井沢を往復する生活だ。軽井沢が観光客で溢れるハイシーズンは、二人とも心身ともにクタクタだ。けれどその表情はあくまでも爽やかで、やり甲斐に満ちている。誰に頼まれたわけでもなく一心に汗を流す。その理由は何なのか？　目的は「経済（収入）」なのか？　二人のこの働き方の原点を探ってみよう。

オーディションで「待つ日々」のなか出会った「新しい舞台」

「ぼくは２０１７年、25歳の時に、役者の世界にいたたまれなくなって飛び出しちゃったんです」

船倉が言う。大学時代から入った芸能の世界。そこは楽しく華やかだったが、役者は常に見栄を張りがちで、その割に主な仕事は「待つ」ことだった。

オーディションを受けて結果を待つ。キャスティングされるのを待つ。監督が自分を見つけてくれるのを待つ。作品との出会いを待つ。全て受け身の仕事だ。自分から動きたい質《たち》の船倉にとってはきつい日々だった。

ある時、少年時代から知っている年長の知人に「今度こんな仕事がある。あのスターと一緒に仕事ができる」と「大ぼら」を吹いてしまったことがあった。その時、「そんな言い方はお前らしくない！」とぴしゃりと叱責された。待ち続けることが辛くて焦《じ》れたのを見抜かれたのだ。

とうとうある日、彼はその世界に耐えきれなくなり、気がつけば軽井沢のホテルで働いていた。その時はどこでもよかった。次の自分の道を見つけるためだったから。たとえひと月の給料が7万円だったとしても。

「でもそこで自分のサービスで喜ぶお客様と出会えてそれがすごく嬉しかったんです。軽井沢の生活も不便なところが逆に新鮮で、携帯が通じないエリアではデジタルデトックスにもなった。ホテルのバイトが終わってもしばらくはここに住もうと思ったんです」

その日以降、軽井沢は船倉にとっての「舞台」となった。持ち前のフットワークと人懐っこさを活かして、お客様とすぐに打ち解ける。地元農家とも道端での立ち話から始まって、すぐに胸襟を開き合う。その爽やかな身のこなしが別荘族のご婦人たちにも好評だ。男性たちも、その若さと行動力を買ってくれ、いろいろアドバイスをしてくれる。時にはこの町で働く同世代や年下の若者たちの悩みも聞く。

住んでみると、軽井沢という町は特殊な構造でできていた。別荘族と観光客、地元民と軽井沢で働く人たち。その間には見えないバリアが張りめぐらされていて、そこに横串を刺す人がいないのだ。

ところが船倉は、よそ者だからこそ軽井沢に住むいろいろな人たちと対等に付き合える。そのしきたりに臆することも囚われることもなく、異種類の人と人を繋げられる。切り札は、役者仕込みの笑顔とトークだ。

役者時代は人の要望に応じて演じるだけだったが、この舞台では船倉は自分で町の課題解決のための「脚本」を書く。人と人を繋げる「演出」もする。高校時代から「情熱とフットワーク」がキャッチフレーズだったから、軽井沢はまさに「俺の舞台」になったのだ。

課題解決の仕事で人は喜んでくれる

その働きは、まさに八面六臂《ろっぴ》だ。

東に朝食だけ営業していたカフェがあれば、オーナーと仲よくなって「ランチとディナーの営業をやらせてください」と頼み込む。友人シェフと店の運営を始め、そこに岡澤を呼んで週末は二人で接客サービスをして超人気店にした。

西にコロナで作物が売れなくなったという農家があれば、行って作物を荷台に積んで自分の知り合いに売り歩く。あるいは運営しているレストランで食材として使う。

南に収穫期に働き手が足りないハーブ農家があれば、早朝から農場に行って収穫を手伝う。収穫量はそれまでの数倍になった。

北にりんごが売れない農家があれば、１００キロ買って夜通し磨いて付加価値を高め、箱詰めして友人や知人に売り歩く。配り歩く。

もちろんお客さんや農家は大喜びだ。運営するレストランも、コロナ禍にあっても売り上げは前年比を超え、オーナーからの感謝も得た。

その姿が、船倉にはスクリーンの前で喜ぶ観客に映った。

「目の前で人が喜んでくれるのが嬉しいんです。できる限りのアクションをしたら喜んでくれる。それが課題解決になってビジネスになる。そういう生き方が軽井沢では出来る。自分の舞台はここだなと思いました」

軽井沢でビジネスを始めて3年目の夏には、ハルニレテラスに雑貨屋を出すオーナーと知り合い、「空いている夜にバーをやりましょう」と提案して意気投合。岡澤と二人で週末にバーを開いた。するとその店がまたまた大好評で、いまはかつて遊び仲間だった二人の後輩（シェフとサービス）も加わって、店長としてランチとディナーも営業している。

「軽井沢」ではなく「追分」を名乗る理由

いつのころか、食事に来たお客さんの中から「二人にチーム名をつけたら」と声がかかった。誰が言い出したか「追分男子」。

軽井沢を名乗るよりも、一つ隣の「追分」にこだわりたい。なぜなら軽井沢は別荘族や観光客のための町というイメージだけれど、追分には仲間になった地元の農家や軽井沢で働く若者たちも住んでいる。彼らはなかなか交わることはなく、それぞれ固有の問題を抱えている。

そんな彼らの情報や問題に横串を刺して課題解決に繋げる。その船倉の独自のスタイルが、この町の人々に好評なのだ。

たとえば店に食事に来たお客様の別荘で、出張バーベキューを頼まれる。そこに地元の生産者から仕入れた新鮮な野菜や果物を持っていくとすごく喜ばれる。都会から時折やってきて、野菜はスーパーで買うものと思っていた別荘族にとっては、軽井沢の生産者と繋がり地産の生産物を食べられることが嬉しいのだ。

いくつかの仕事を掛け持つ複業は目が回るほど忙しいけれど、家族の生活を支える収入も安定してきた。船倉はこう語る。

「ぼくはよそ者ですが、軽井沢の方に楽しんでいただけるように日々生きています。少しでも多くの方の笑顔に繋がれば嬉しいです」

さらにそこにもう一人、「都会と軽井沢」「ビジネス界と軽井沢」を繋ぐ岡澤がいる。この二人がコンビを組む時、意外な化学反応が起きる。

それもまた、トカイナカで起きたもう一つの価値だ。

4．震災体験から地方でダブルワーク

「ありがとう」が返ってくる仕事

「軽井沢と出会って、ぼくは働き方や生き方が変わった気がするんです」

港区にあるIT企業本社の会議室で、岡澤はそう語り始めた。平日の午後、オフィスは閑散としている。リモートワークが徹底していて、岡澤も出社は週1、2度だ。

コロナ前に始まった軽井沢通い。東京から新幹線で約1時間20分の「トカイナカ」への車中は気分を変えるにはちょうどよかった。けれど1週間の仕事を終えて金曜日の夜に新

幹線に乗り、週末2日間、レストランや畑で目一杯働いて月曜日の早朝の新幹線で東京に戻り、また1週間が始まるスケジュールはさすがにしんどかった。その姿を見ていた相棒の船倉は、こう言って笑った。

「あの頃は早朝の新幹線に乗る彼を佐久平駅に送ると、階段を上る姿がヘトヘトで可哀相なくらいでした」

ところがコロナでリモートワークになってからは、自分でタイムマネジメントさえすれば平日でも軽井沢で仕事ができる。行きも帰りも自由だ。軽井沢にマンションを借りたら60平方メートルで家賃は3万５０００円。都心では考えられない。所属企業には複業の許可も取った。「二拠点生活もずいぶん楽になりました」と岡澤は笑う。

「それまではダブルワークを始めてもやはり会社に縛られている気がしていました。毎日の出社がネックだった。でもコロナで働き方が変わり住居の選択も変わりました。会社の仕事もしっかりやるけれど、それ以外の好きなことも仕事としてやりたい。そう考えるぼくのような人には生きやすくなったと思います」

それにしても一流企業の仕事があるのに、なぜ軽井沢でのダブルワークを始めたのだろう。岡澤はこう語る。

「大きかったのは大学時代に仲間の一人が静岡県の修善寺で起業したこと。遊びに行ったら本当にいいところで、こんなところで働いて暮らせたらいいなと地方に注目していました。それから東日本大震災。ボランティアで岩手県釜石を訪ねたら、あの地で起業している人たちは東京の仕事とは職業観が違うなと思ったんです。それは――」

被災地に残って仕事を立ち上げた人たちは、地元の課題を前に、自分には何が出来るかを考えて仕事を創っていく。すると地元の人の「ありがとう」が返ってくる。東京の大企業の仕事は喜んでくれる人の顔が見えにくい。人々の課題を解決するというよりも、企業の儲けを考えている面が強いのではないか。そう感じてしまったのだ。

「その頃船倉くんに軽井沢に呼ばれてレストランで働き始めたら、お客さんとの距離が近いし喜ぶ顔が見えたのです。地元の人の課題解決を仕事にするスタイルはいいなと心底思いました」

「田舎を持たない」若者たち

岡澤が語るように、今日全国の地域創生の現場を訪ねると、「東北出身者、東日本大震災ボランティア経験者」が圧倒的に多いことに気付く。震災から約10年。この間岩手・宮城・福島の３県でボランティア活動を行った人は、各市町村の社会福祉協議会の集計だけで累計１５５万人（２０１１年３月～18年１月）。それ以外のＮＰＯや任意団体、個人を含めれば優にその３倍の５００万人近い人たちが東北各地の被災現場で復興支援活動を体験したと言われる。彼らはその仕事にやり甲斐を感じ、震災後も各地で頻発する自然災害の現場に出かけて働いたり、課題満載の地方に住み込んで（あるいは関係人口として）関わろうとする。

実は岡澤たち１９９０年代以降生まれの世代は、圧倒的に「田舎を持たない」若者たちが多い。かつて第二次大戦直後には、日本人の人口の６割は農村部にいた。その後この比率は逆転し、彼らの両親世代が誕生した60～70年代には、都市部の人口が60％から70％へと急増している。

現在は東京圏（１都３県＝神奈川・埼玉・千葉）に全人口の３分の１が集まり、両親共に都心かその近郊出身という若者が増えた。岡澤も船倉もこのパターンで、少年時代から「田舎」や「帰省」とは無縁だった。その若者たちが震災ボランティアその他で「里山の魅力」や「田舎暮らし」を知り、一次産業に魅力を感じて地方への「憧れ」を強く持つ。

そうした複合的な要素が、「軽井沢で課題解決」という「追分男子」のモチベーションになっていることも見逃せない。

そんな活動を続けていたある日、岡澤に願ってもない話が舞い込んできた。企業ベースの課題解決の案件だった。

「起業家」として地域で働く

「君はなぜこのレストランで働いているの？　どういう仕事のペースなの？」

いつものように「追分男子」として軽井沢のレストランで働いていた岡澤に、そう話しかける男性客がいた。サービスをしながら、岡澤はお客さんとよく話すのが常だ。まるで都心のオフィスで寡黙に働いている分を取り戻すかのように。岡澤が「ダブルワークなんです」「週末だけ軽井沢です」と話すと、お客さんも乗ってくる。そんな彼の言葉を聞いて、別の男性が隣のテーブルから話しかけてきた。岡澤は彼にも追分男子のいきさつとダブルワークの楽しさを語った。すると男性は、

「今度君の仕事のスタイルをじっくり聞かせてくれないか？　うちの会社のスタッフにもそういう働き方をさせたいなぁ」

その一言で始まったのが、この男性が経営する某社との「ワーケーションプロジェク

ト」だった。岡澤が言う。

「その人は経営者で軽井沢に別荘をお持ちでした。コロナ禍での社員の働き方として軽井沢でのワーケーションを考えていた。そこでぼくらにぜひアドバイスをしてほしいと言ってくださったんです。そこからビジネスベースの話が始まりました」

この時も「追分男子」岡澤の強みは、「自分の経験＋船倉の軽井沢でのネットワーク」があることだった。オフィスや宿舎等の物件情報もローカルなものが手に入るし、その会社の食堂には地元の野菜や果物を届けられる。二人で作り上げた地元テイスト満載のプレゼンが好評で、いまはこの企業とコンサルタント契約も結んだ。

岡澤が言う。

「企画書に書いたのですが、仕事の本質は誰かを幸せにすること。そして自分の好きなことを仕事にして自己実現とリンクしていくべきです。自分なりに働き方改革を進めていくには地域と会社の両輪が必要なんだと、これからも提案していきたいと思っています」

起業家のように企業で働く

実は私に二人のことを紹介してくれたのは、旧知の盟友である慶應義塾大学大学院理工学研究科特任教授・小杉俊哉だった。軽井沢の追分に別荘を構えた小杉は、ふと立ち寄ったレストランで元気に働く二人の姿を見た。その爽やかさと明るさから、「この店は女性を中心に人気が出るな」と感じていたところ、実際に予約がなかなか取れない人気店になった。そのことから二人と話すようになり、お互い意気投合したという。

小杉には『起業家のように企業で働く』（クロスメディア・パブリッシング）という著書がある。企業内で与えられた課題をこなすのではなく、自らその企業の課題を見つけて仕事を生み出す。「起業家マインド」をもって企業内で働けば、それまで以上にやり甲斐が得られて生産効率も上がるというのが小杉の持論だ。

その著書に書かれた「プライベートの活動やネットワークが仕事のヒントになり直接的に仕事に繋がることとすらある」という説は、二人の働き方、生き方そのものだ。二人も小杉の考えに大いに共鳴し、小杉が主宰する「大人の小杉ゼミ」にオンライン参加するようになった。

この三者の共鳴も、これからの生き方、働き方の潮流はここにあると私が考える所以《ゆえん》だ。

私には、二人の姿は映画『男はつらいよ』の「寅さん」ともダブる。毎回寅さんはマドンナの課題を解決すべく奮闘し、すべって人々を笑わせ、悲哀と共に何処へともなく去っていく。追分男子は渥美清と違って二枚目だが、軽井沢の異種類の人々の課題を見つけ人々を笑顔とともに繋ぎ、課題解決のアイデアを出し、自らの汗で成果をあげて感謝される。

その繰り返しの中で彼らも成長し、軽井沢も少しずつ変わっていく。

ある時軽井沢にやってきた、かつて船倉を叱責した知人は、「自分スタイル」で働く彼を見て、「そうそう、この生き方でいいんだ」と目を細めたという。

二人はそれぞれにトカイナカ軽井沢と出会って働き方と人生が変わった。これからも変わり続けるだろう。それは鎌倉資本主義カヤックと熱海に出会ってもう一つの生き方、働き方の価値を見つけた中島にも共通する。

好きと嫌いのスイッチ、都会の堤防、新しい物差し、誰かを幸せにする「ありがとう」がもらえる仕事、地域と会社の両輪、等々——。トカイナカの視界には、新しい光景が映る。あなたの視界にはどんな光景（価値）がひろがるのか？

互いのそれをシェアし合うことが、私たちには大きな楽しみだ。

第2章　トカイナカでローカルプレイヤーになる

――千葉県富津市金谷

1．東京に憧れない若者たち

できるなら「地方」で働きたい48・2%、「東京」は19・7%

～死にたいくらいに憧れた　花の都大東京　薄っぺらのボストンバッグ　北へ北へ向かった（中略）ああしあわせのとんぼよ　どこへ　お前はどこへ飛んで行く　ああしあわせのとんぼが　ほら　舌を出して笑ってらあ～

酔いに任せて何度この曲を歌ったことだろう。

長渕剛の大ヒット曲「とんぼ」。２００６年に生まれたこの歌は、まだ日本の人口が増えていた時代の最後の「東京憧れ節」だったのかもしれない。

いつのまにか若者の意識はその真逆になっている。そう教えてくれたのは、２０２０年、コロナ禍の最中に取材した就活サイト最大手「マイナビ」のHRリサーチ部部長、栗田卓也だった。

「コロナもあって、就活生の意識は従来と比べると大きく変わりました。『希望する勤務地』という調査をすると、『地方』と答える学生が48・2%。『東京以外の都市（地方都市）』が32%。『東京』は19・7%。はっきりと若者たちの東京離れが進んでいます」

なんと東京以外を希望する若者が8割もいる。

　その数字に驚いていると、ちょうどこの取材をしていた頃、我が家でもちょっとした「脱都会」のニュースがあった。大学3年生（当時）の娘が、夏休みに1カ月間の合宿講座を受けてくるという。何を学ぶのか？　と聞くと「田舎でフリーランス養成講座」（通称イナフリ）に行ってくると言う。

　フリーランスといえば私たちのような雑誌や書籍、新聞を主戦場とするライターやカメラマンになるための講座か？　と思ったが、そうではないようだ。Ｗｅｂ上でのライティングやサイト制作、動画撮影や編集の技術を学ぶという。

　何もそんな講座を受けるのに田舎にまで行かなくても、とも思ったが、本人は、

「全国何カ所かでこの講座をやっていて凄く人気だよ。宮城県女川町、千葉県富津市、山梨県都留市でもやってる」と屈託がない。

　ちょうどこの頃はコロナの1回目の非常事態宣言が終了し（4月7日～5月25日）、騒動もやや鎮静化しているところだった。都会にいるよりもむしろ田舎の方が安全か、とも思えた。しかもその内容を聞いてみると、ただ学生が技術を学ぶだけでなく、受講しながら仕事をして収入を得ることもできるのだという。その概要は、

――地方のシェアハウスに1カ月泊まりながらWebライティングや動画撮影・編集等の技術を学ぶ。午後はネット経由で仕事を受注して、受講期間で十数万円稼ぐ人も珍しくない。仕事の取り方やこなしかたはメンターとなる先輩や講師が教えてくれる。それも含めて受講料約18万円＋生活費が5万円程度かかる。

若者を集める講座だから当然都心開催かと思っていたら、思い切り田舎だった。けれどネットが主戦場となる仕事だから、地方にいても仕事を受注でき、「学びながら稼げる」。「低コスト＋収入あり」だから若者には魅力なわけだ。

さらに驚いたのは1カ月後に帰宅した娘の表情だった。

「楽しかった〜。学生だけでなくコロナで飛行機が飛ばなくなったCAの人や、就職したらブラック企業だったから即辞めた人たちが一緒に勉強してたよ。講座中にもどんどん仕事が取れるし、卒業してもこのまま都留に残るっていう人も何人かいたかな。もう高い家賃の東京に事務所を持つ必要はないからね」

若者＋地方＋仕事。つまりコロナ禍で広まりつつある「脱都会」ムーブメントの若者版が、今まさに生まれつつある。この講座はそのエントランスとして機能しているのか。だとすれば、ここには新しい生き方や働き方が生まれているのではないだろうか――。

そう思ってこの「イナフリ」の発祥の地、千葉県富津市金谷を訪ねてみると……。

　確かにそこには私たちの世代のフリーランスとは全く違った人種で、しかも新しい生き方や働き方を実践する若者たちがうようよしていた。

2. もう東京である必要はない

株式公開を目指すフリーランス

「フリーランスといっても、ぼくはこれまでのような紙媒体で活躍する作家や写真家を養成しようという気はさらさらありません。むしろ大学時代の後半から興味があったのは起業や経営のことで、自分の会社もＩＰＯ（株式公開）を目指しています」

　この講座の創立者で、株式会社Ponnuf《ポンヌフ》を経営する山口拓也（取材時点で32歳）は開口一番そう言った。新築のシェアハウスの1階リビングに置かれた大きなテーブル。そこに座る彼は、起業家特有のギラギラした瞳や暑苦しいようなエネルギーとは無縁の、飄々とした表情だ。

　フリーランスでＩＰＯを目指す。従来のフリーランスにはあり得なかった発想だし、その外見と言葉のギャップも印象的だ。窓外の風景もありきたりの田舎町そのもの。とてもＩＰＯを目指すビジネスマンのオフィスとは思えない。

これまで私が出会った株式公開を目指す起業家たちは、ネットビジネスで新しいアプリを開発するとか新たなマーケティング手法を開発するとか、エンジニア系やマーケティング系の人が多かった。オフィスも青山、恵比寿、渋谷あたりのお洒落なエリアに集中している。

それに対して山口はもともと文系の出身だし、行っている事業も「田舎」でフリーランス養成講座だ。なのにＩＰＯを目指すという。

私自身もフリーランスなだけに、山口のＩＰＯを巡る二重三重の捩《ねじ》れには、言いようのない違和感がある。しかも山口が金谷で起業した理由も想定外だった。

「ぼくは別に海や自然が好きだからこの地を選んだわけではありません。若者を地方に呼び寄せて移住者を増やそうとか、疲弊する地方を活性化しようとか、そんなことを考えて始めたわけでもありません」

これまたサラリと言うのだ。

埼玉県出身。早稲田大学卒。大学時代は世界一周旅行をしたり、異文化関連のイベントを企画したりしていた。もとから企業に就職する気はさらさらなく、在学中からフリーランスでＷｅｂ系のライティングやサイト制作の仕事を始めていた。

卒業の前後にたまたま知り合いがこの地でシェアオフィスを開いていたので、そこで３カ月ほど滞在して仕事をしようと思ってきてみた。すると家賃は安いし高速バスで東京まで約70分。買い物も車で約10分走れば何でもある。仕事はネットでできるから、不便を感じることもなかった。

そのうちに仕事が増えてきた。当初は一人でこなしていたが、だんだんとアシスタントがほしいと思うようになった。けれど周囲のフリー仲間はそれぞれに忙しい。

ならば自分で後輩を養成しよう、とＷｅｂ仕事の希望者を集めて講座を始めたのがきっかけだった。始めてみると、Ｗｅｂ仕事のフリーランサーになりたい人や、副業でスキルを身につけたい人が集まってきた。次第に口コミで参加者が増え、受講料や科目を整理して「フリーランス養成講座」となった。会場が金谷だったから「田舎」という名前をつけた。ある程度の講座数が必要だったから「１カ月合宿制」にした。周囲には宿泊所にできる空き家もあった。もともとフリーランス志向の人間たちだから、ちゃんとした旅館よりも値段が安い「合宿」のほうがいい。Ｗｉ-Ｆｉさえ引けば仕事は何不自由なく取れる。

その結果、「この地で結婚して子供ができ、仕事も増えたりして約10年住んでいます。住むところはどこでもいいと思っているので」と、そっけない。

不動産資産も所有

とはいえこの10年で、山口の仕事のスタイルは見事に成長、成熟している。現在の山口がこの地で展開しているのは、若者養成の仕事だけではない。不動産を所有して資産家にもなった。

講座を開く「まるも」と呼ばれるコ・ワーキングスペースの周囲には、いまでは山口の所有不動産がいくつもある。約20人の学生と講師が集う広い教室は元スーパーだった建物だ。外見はボロボロだが、2階には7つほどの個室があり受講生たちが宿泊滞在する。いずれもずっと住み続けるにはあまりに汚いし老朽化しているが、1カ月の仮の宿とするなら悪くない。1階にはもう一つのコ・ワーキングスペースがあり、そこでは受講生や卒業してこの地に留まる人たちが会員となってパソコン教室を開いている。山口は当初ここを借りていたが、事業が軌道に乗ったことと大家の希望もあり、約1000万円でこの建物を購入した。

山口は、フリーランサーとしての仕事をベースに、そのスキルを後輩に教えて受講料収入を得たり、卒業生がこの地で生活する場を提供することで家賃収入を得ている。さらに彼らが働く場所を用意して、そこでも収入がある。つまり、複利で稼ぐ投資家そのものだ。

そして、その利益を山口は不動産にも投資する。少し歩いたところには、私がインタビューを行った１階がカフェ、２階に２部屋約８人が泊まれる新築のコテージがある。ここは週末を中心に、「１棟貸しの家族連れや若者のグループ」の利用が多い。１泊６万円。月に８日から10日の稼働だ。

さらに線路の向こうには１階にワンルームが７部屋、２階に家族用の３部屋がある新築アパートもある。こちらは１カ月の滞在者や、講座修了後の移住者用だ。

金谷では１カ月の「イナフリ」講座が年に６回開かれる。そこに集まる受講生は１回15～20人×６回で年間１００～１２０人あまり。講師は約30人。修了後も何らかの形で滞在する人数を考えれば、延べ２００人近い若者がこの地で生活する（もちろん入れ代わりはあるが）。

彼らの生活や講座用に、山口は次々と物件を用意した。中古物件を購入してリノベーションしたり、さら地に物件を建設したりして、現在では総額約１億円の不動産資産を持っている。

　Ponnufとしては、金谷の他に千葉県いすみ市と山梨県都留市で年に数度の「イナフリ」を開催している。他の市町村でも、主宰者が現れたり自治体の要請があったりすれば開講し、コロナ前の最盛期には10自治体で開催していた。

　それらを合わせた総売り上げは年間約1億円。社員は現在6名。山口はもはやフリーランスというよりも、立派な経営者であり資産家だ。

　念願のＩＰＯに向けて、冷静に自分の事業を計算している。

「田舎でフリーランス養成講座をいくら展開していてもＩＰＯには届かないと思います。参加者が少ないし利益が薄い。それよりも今後はマーケティングの講座をリモートでおこなって受講生を増やしていく予定です」

　経営者としては、着々と次のビジネス展開を計画しているのだ。

官民連携には繋がらず――

　山口は、今後自分の子どもたちの成長を考えて、自宅を木更津に移す計画もあるという。けれど事業のベースは当分金谷に置く予定だ。それを考えれば、彼は事業を起こすだけでなく滞在施設も用意して、この地に若者を呼び込む「地域創生のプレイヤー」でもある。

若者が集まれば周囲の経済もある程度活性化するし、何より若者の視線を通して「金谷」という地の魅力が様々に発信されていく。若者離れ、過疎化、高齢化に悩む他市町村からみれば、民間にこういう地域活性化のエンジンがいることは羨ましいはずだ。

ところが金谷のある富津市は、こうした若者たちの動きに鈍感だ。この地の地域活性化の「官民連携」は、あまりうまくいっていない。

当然のことながら、富津市もまた他の市町村と変わらず長期衰退のトレンドにある。人口は１９８０年代の５万６０００人余りをピークに、５年間で５％程度の高率で減少中。長い間三浦半島の久里浜との間を行き来する東京湾フェリーがこの町の看板だった。それも97年に完成した東京湾アクアラインの影響で利用客は約３分の２に減少した（最盛期年間約２８０万人から約１９０万人へ）。

人口の減少と観光客の減少のダブルパンチにより、富津市は火の消えたような状態だ。

高橋恭市市長はようやく２０２１年４月、移住・定住の促進を図る「移住定住推進室」を新設。市としても本格的に移住者獲得に乗り出した。担当の多田亮太はこう語る。

「地域おこし協力隊員は２０１８年に初めて採用しました。19年からは市内の空き家対策として『空き家バンク』を開始。現在はこのバンクに登録できる空き家を増やす活動に取り組んでいます」

「取り組んでいます」とはいっても、「地域おこし協力隊」という制度は２００９年に総務省が生み出し、すでに全国の自治体で使われている。成功事例も失敗事例もたくさんある。この制度を使ったからといって、決して地域創生の「切り札」になるわけではない。富津市が今後どのようにこの制度を活用するのか、そこからどんな成果が上がるのか、は未知数だ。

　空き家バンクも同様だ。ただ行政がネット上に「空き家リスト」（これを称して空き家バンクと言っている）を作ったからといって、それが機能している事例は民間企業と提携している例のみ。第4章で書くように、もっと突っ込んだ空き家対策が必要なことは火を見るよりも明らかだ。

　ならば金谷に集まる「イナフリ」の若者を使ったイベントなり日常的な市民との交流等の取り組みを考えればいいのに、富津市の行政にはそういうアイデアはないようだ。

　山口もまた、行政の対応を冷めた目で見ている。

「市役所の人とはそれほど密にやりとりしていません。そもそも何か一緒に仕事をしないと交流したとはいえませんから」と、全く行政を頼りにしていない。傍から見ても、もっともっとこの若者たちを使いこなさないといけないのに……と、歯がゆい状況だ。

若者たちの学ぶ意欲

だがそんな行政とは関係なく、若者たちは逞《たくま》しい。「田舎でフリーランス養成講座」の中身を見てみると——。

午前中は若い講師が教壇に立つ。この講座を2、3年前に卒業し、フリーランサーとして活躍するOB、OGたちだ。当初私は、講師には元新聞記者とか編集者とかこの世界のベテランがなるのではと思っていたが、ここでもさにあらず。20代の受講生にとっては、年代の近いOB、OGの方が親近感がわく。「自分もあのようになりたい」というロールモデルになる。第一私のようなロートル組は、ネットの技術なんてわからない。彼らが連発する「SEO（検索エンジン最適化）」「エフェクトコントロール」「アンカーポイント」といった用語すらちんぷんかんぷんだ。これではネットビジネスには役に立たない。

まさに現役バリバリの若手講師のもとで、受講生たちは次々にカリキュラムをこなしていく。「Ｗｅｂデザイン」「サイト制作」「ライティング〜ＳＥＯ対策含む」「ブログ運営」「アフィリエイト」「クラウドソーシング」「営業スキル」「財務管理」「事業計画」等々。

午後は「メンター」と呼ばれる講師陣のアドバイスを受けて、ネット上に掲示されている仕事にアプローチする作業が始まる。現在主に使っているサイトは「ランサーズ」と「クラウドワークス」。ネット上最大の「求職×仕事発注のマッチングサイト」だ。

ここにはこんな「仕事」が掲示されている。

「20代から40代女性を対象に、旅行をしたくなるような体験記を文字と写真で書いてほしい。一文字１円、写真は一点１０００円。５０００文字で」等々。

こういう仕事には、旅行好きで知識や経験がある者がアプローチする。その仕事を受注できるように、「自分の売り込み方、記事の提案書の書き方、営業の仕方、最後に『ありがとう』と言われる仕事の進め方」等、講師陣のアドバイスは多岐にわたる。

当初はなかなか受注に繋がらないというが、１カ月間何度もトライを繰り返すと成果も出てくる。そういう中で、集まった若者たちからはこんな声が聞こえる。

「東京でＯＬを５年間やりました。楽しかったけれど稼いだお金は遊びとファッションと飲食に消える消費生活に疑問を感じて、故郷で働けるスキルがほしいと思ってここにきました」

「コロナのせいで働いていたエア会社のフライトがなくなってしまって、少女時代からの夢だったライターになりたくてここにきました」（元ＣＡ）

「丸の内のＯＬ時代は何者かになりたいという焦りもありました。ここにきて本来の自分を取り戻せたというか、自分が求める暮らしはこういうものだったんだと日々実感しています」

「お金はあっても幸せじゃない人はたくさんいます。自分はたくさん稼がなくても仲間と楽しく暮らせれば幸せなんだと改めてわかりました」等々。

都会を離れた「トカイナカ暮らし（時々は都心に出て行ける距離、安い家賃）」×「時間やノルマを気にしないフリーランスとしての仕事」×「安い生活費＋仕事の収入で食べていける」×「同じ志向を持った仲間たち」の生活が、多くの若者たちの心をとらえている。実際、金谷での生活は月に10数万円あれば十分だというから、若者にも参加しやすい働き方だ。

そんな受講生を経て、いまはこの講座の統括責任者としてスタッフの一員となっている女性がいる。彼女の生活スタイルを聞くと、「住所を持っていない」という驚くような答えが返ってきた。

３．住所を持たない若者

家を持たなくても働ける若者たち

「私は２０１９年から21年にかけて、約３年間は住所を持たずに暮らしていました。それ以前は薬剤師をしていました」

屈託なくそう語ってくれたのは、「イナフリ」で運営統括を務めている松岡マイだった。30歳。イナフリを受講したのは２０１９年秋のこと。それ以前から派遣の薬剤師をしていて、請われるままに沖縄、静岡、北海道の病院や薬局で、３カ月から半年単位で働いていた。

派遣先では雇い主が家を用意してくれる。その後イナフリ受講生を経て、運営側のスタッフになった際には、イナフリの開催中は主宰するPonnufが用意するシェアハウスに暮らしていた。

「だから２０２１年までは自分の家がありませんでした。いいかげん嫌になってきたから、

22年からは埼玉に住み始めましたけれど（笑）」

とはいえ、彼女は最近語られるようになった「アドレスホッパー（住所を持たずに各地のゲストハウス等を転々とする若者）」とも少し異なるようだ。旅好きであることは間違いないが、サーフィン命とかカヌー命といった「各地を転々とする」テーマがあるわけではない。これまではたまたま「派遣」の仕事に就いていたので、家を持つ必要がなかっただけ。むしろ「イナフリ」と出会ってからは、新しいビジネスの構築に燃えている。

家はなくても彼女にはしっかりした仕事のビジョンがある。聞いていくと、「そりゃ仕事は溢れてるよな」と納得できる働き方だった。

正社員を辞めてからイナフリに

松岡がイナフリを受講したのは、大学を出て新卒で薬剤師をやっていた時、過労で倒れてしまったことがきっかけだった。正社員で調剤薬局に入ったものの、早朝勤務や夜遅くまでの勉強会がしばしばあった。その結果、中等度以上の顔面神経麻痺を発症した。休職を申し出たが認められず、1カ月ほど眼鏡とマスクで顔を隠しながら働いたが症状が改善しないので、やむなく10カ月で退職。沖縄でしばらく休養しているときに、派遣薬剤師の仕事を得た。

その頃、好きな旅行系のサイトで旅行ライターの記事をみた。

――ネット系のライターっていいな。好きなことやって好きなこと書いて、ヒット数が増えたらお金にもなるんだな。

そう思ってライティングに興味がわいた。たまたまＳＮＳでみつけた「沖縄での派遣薬剤師体験記事」を書く仕事をしたり、薬剤師の知識をもとに自らの「顔面麻痺の体験談」をブログに書いたりしてみた。

すると検索するたびに自分のサイトが上位にアップされていく。「何で私のブログが上位にくるんだろ?」と興味は深まり、それまでは独学だったが本格的にライティングのことやＳＥＯ対策を学びたくなった。あるサイトで「イナフリ」のことを知って、２０１９年に山梨県都留市の講座で１カ月学んだ。

「その講座修了後は、Ｗｅｂスキルをゲットしたんだから好きな所に行かなくちゃと思って、タイのチェンマイに行きました。ゲストハウスに泊まって日本人のノマドワーカー(働く場所を固定せず遊牧民のように働く人)さんたちと一緒にカフェでリモートワークしていました」

チェンマイにはそんな人たちがたくさんいた。ところが２カ月が過ぎたころ、２０２０年に入るとコロナの話題でざわつき始めた。そこで帰国して、千葉県いすみ市や富津市のイナフリの卒業生たちが屯《たむろ》するコ・ワーキングスペースでリモートワークをしていた。

そこから現在の暮らしに入っていく。そしていまは、個人としてもこんなビジネスモデルを描いている。

自分でビジネスをプロモートする

取材で出会ったとき、彼女は見事な「パラレルワーカー」だった。

「イナフリを出てからは薬剤師の現場には戻ってないです。せっかくＷｅｂのスキルを身につけたんだから、短時間で収入がアップするように仕事を組み立てようと思いました。まずはＷｅｂで医療ライターをやって、Ｗｅｂデザインも勉強して仕事を掛け合わせたり、イナフリのスタッフとして統括とか講師とかもやり、編集の経験も積んでステップアップを図りました。さらに自分で企画している仕事もあるんです」

フリーランスとしてもいくつかの仕事を掛け持ちする。正社員時代のように毎月25日にまとまったお金が入ってくるということはないが、その分自分でスケジュールを管理して

「得意」を使った仕事を組み合わせられる。誰かに追いたてられながら働くことはない。

松岡は、その後もう一つ仕事の柱を持った。オンラインで「医療ライターのはじめかた」と題した養成講座を始めたのだ。かつて自分がイナフリでライティングや仕事の取り方を学んだように、医療知識や経験がある人に、Ｗｅｂ上でのライティングや仕事の取り方のノウハウを教える講座だ。

「つまり医療経験・知識×Ｗｅｂライティングという掛け算で仕事を獲得するスキルを身につけて、複業や在宅ワークができるようになるための講座です。このスキルがアップして生活できるようになれば、薬剤師としての拘束時間から解放されるし、自分の知識や経験をライティングという形で発揮できる。クライアントは医療系の会社とか病院とか製薬会社とか。医療資格をもっている人ならば仕事も受注しやすいです」

この講座では3カ月間かけてライティングや営業方法、薬機法についての基礎を教える。修了後も受講生たちとコミュニケーションを取れる場所も整えている。

２０２２年3月には、第10期生の講座が行われていた。事業は順調に育っているのだ。講座を紹介するツイッターには、「医療の資格を活かした複業を紹介」と書かれ、「今回から、薬機法ライターとして活躍する第1回受講生のテラさんが講座運営のメンバーとなりました。先に進む先輩として、相談に乗ってくださいます」という投稿もある。

つまりかつてイナフリを卒業した自分がイナフリの講師や統括として働いたように、自分の後輩たちを育てて働く場所も用意しているわけだ。その結果松岡は現在では、

・医療資格とＷｅｂライティング技術を掛け算して仕事にする。
・講座卒業生たちの「学び」の意欲に応えながら活躍の場を用意する。
・パラレルワークを取り入れながら、自分で自分の人生をデザインする。
・働く場所や生活の場所の制約を受けずに、自分で生活をデザインする。

そんな生活を自分のものにしている。もう仕事のストレスで顔面麻痺になることもない。東京にいないと仕事にならないということもない。自ら仕事を「生み出して」、後輩たちからは感謝されながら仕事を分けていくことができる。

唯一の心配は、元高校教師の母親に電話する時だ。何度説明しても、「いまどこにいるの？　何をやっているの？」と心配されると苦笑する。「家を持たない」「パラレルワークで働く」「自分でビジネスをつくる」ということが、母親世代には理解しがたいのだ。

そういうときは医師になった姉に相談する。第三者から説明してもらえば、母親も安心するからだ。夫婦で医師として働き子育て真っ最中の姉は「私も薬剤師になればよかった」と言って、松岡の生活スタイルを羨むと言う。「派遣とか単発とか若い時からいろいろな働き方のスタイルがあって、病院に縛られないで生活できるから」という理由だそうだ。松岡にとっても姉の存在は、「無茶苦茶心強いです」と言う。

もう一つ、現在の松岡には大きな目標がある。それは「医療版のＷｅｂクリエーターチームをつくり、仕事を循環させたい」という夢だ。こう語る。

「私自身はＳＮＳ等を通して仕事をもらう機会が増えて、講座もやっているので自分だけでは仕事がまわりきらなくなりました。そういうときに、この仕事を求めている人に仕事を割り振れるようなチームがあったらいいなと思って。高いレベルの医療系の知識をもっている人やデザインの経験値の高い人たちと仕事をマッチングできる場所をつくりたい。幾つかのスキルの掛け算ができる人たちで仕事をこなすチームをイメージしています」

人生の選択肢を拡げるローカルプレイヤーたち

松岡のような卒業生をあまた生み出しながら、イナフリは今日も金谷やいすみ市、都留市で開講している。年間の卒業生は約２５０人あまり。スタートから7年目で、累計の卒業生は約１０００人になった。

講座修了後に最も多いパターンは、習得したＷｅｂスキルを活かして独立し、Ｗｅｂライティングやサイト制作を生業にするケース。Ｗｅｂサイトの制作会社を設立して、イナフリ周辺の仲間で仕事をシェアしているケースもある。

共通しているのは「人生の選択肢を拡げている」こと。普段はＷｅｂスキルを活かしながら働き、週末になると全国各地でイベント料理人として腕を振るっている人もいる。既成の仕事の概念にとらわれずに、誰もが「自分が本当に納得いく人生の選択肢はなんなのか？」を考える。「自分ブランディング」や「働き方」をテーマにして、自分自身をデザインしていく。

もう一つの共通点は「ローカルプレイヤー」であること。もともとの講座の目的は、山口が自分の仕事のアシスタントを務めてくれる「フリーランスのスペシャリスト」を養成することだった。けれど「Ｗｅｂ×地方」を舞台にしたことで、若者たちは「地方の働きやすさ」に目覚め、「ローカルプレイヤー」であることを選ぶようになった。

ちなみに我が家の娘は、新聞社に就職が決まった。新卒で「フリーランス」になることはなかったが、九州への赴任を希望して田舎暮らしを楽しみにしている。東京にはたまに帰って来ればいい。その程度の愛着なのだ。

この流れ、止まりそうもない。この傾向が続けば、この国も「地方分散型社会」になっていく。そう予感させるには十分な、若者たちの新たな胎動だ。

〈松岡マイのサイト紹介〉

・「医療ライターのはじめかた」講座概要
https://medi-jump.com/iryouwriternohazimekata/

・医療×Ｗｅｂクリエイターチームについて
https://medi-jump.com/webcreator-mediweb/

第3章　トカイナカで起業する

――埼玉県ときがわ町

1. 起業家が次々と現れる町

リモートワークの町

埼玉県の中西部、小川町や東秩父村、横瀬《よこぜ》町《まち》、越生《おごせ》町《まち》と隣接するときがわ町。都心からは池袋発の東武東上線かJR埼京線から接続する川越線から八高線を乗り継いで約1時間半。町の中心を都幾川が流れ、その面積の7割は森林が占めるトカイナカの町だ。

その距離感と自然環境から、町は「都会に一番近い田舎」をキャッチフレーズにしている。けれど朝夕の通勤時間帯でも電車は一時間に2本。一日で上り下り各20本。ここから都心に毎日通うとなったら、決して「便利」ではないし「近く」もない。

だがコロナでリモートワークになった人や、自分で働き方を選べる自営の人にとっては自然が溢れる「住みよい町」だ。時折都内に打ち合わせなどで出て行く時には、電車内でもパソコン仕事やメール作業ができるから、リモート時代には「適度な時間と距離の町」となった。

その証拠に、ここ数年この町からは様々な「起業家」が巣立つようになった。さながらかつてのシリコンバレーのように。

例えば本書の第４章にも登場する不動産業者で、町と契約する集落支援員でもある尾上美保子。２００５年に隣町の越生から移住し、現在はときがわ町の社会課題である空き家対策として大家を説得し、空き家を発掘しながらこの町への移住希望者とマッチングさせている。この４、５年間で約50軒の移住者をゲット。全国古民家再生推進協議会の調べによると、関東、関西、中部等、16都道府県全体で年間マッチング数は２００余りだから、驚異的な数字を誇っている。

あるいは隣町の鳩山町で鳩山町コミュニティ・マルシェを運営する本家豊大と菅沼朋香。二人は、町が所有するマルシェの指定管理者である東京藝術大学藤村龍至准教授の建築事務所のメンバーで、その運営のために鳩山町に移住してきた。「高度成長期や昭和」をテーマにする現代美術のアーティスト（菅沼）とミュージシャン（本家）。アーティストとしての素養を活かして、県内でも高い空き家率を誇るニュータウンに、新しいコミュニティを生み出すために様々な取り組みを行ってきた。その効果があがり、いまではマルシェを軸にがらがらだった中心街に賑わいが戻ってきた。

この章の後半にも登場いただくデザイナーの高村さおり。都内に住む彼女は移住こそしていないが、インテリアデザイナーの仕事の傍ら、ときがわ町で発行されている冊子のデザイン等、ビジュアル面での仕事を引き受けている。

　その他にもときがわ町で民宿を経営しつつ養鶏卵を販売し、町の観光協会の事務局長も務める者。整体師の資格を利用しつつ人材教育の講師として活躍する人。イラストレーターとして町の冊子にも作品を描いている人。林業の再生に取り組む人等々、様々な分野でそれぞれに活動する人が毎年６～８人は育っている。

　こうした起業家を輩出しているのが、２０１６年に生まれた「比企起業塾」だ。塾としては４年間で４期続き、いまはそれを引き継いで「比企起業大学・大学院」となり2年目。この5年間で延べ35人の卒業生を出している。

　その総長は、本人も移住者の関根雅泰だ。なぜ関根はこの地でこの活動を始めたのか？　なぜそれほどの成果が出ているのか？　トカイナカエリアは起業に向いているのか？

　そこには「偶然だけれども必然」と言われる、こんな理由があった。

2. 相互貢献の才能がある男

努力の人

「関根さんは出会った当初から努力の人でした。当時の私のゼミ（東京大学大学院中原研究室）に入学したいと言われたので、ゼミ生として研究したいなら専門書を１００冊読んできなさい。そう言ってリストを渡したら、本当に毎月5冊読んで１００冊読み切ってから試験を受けて入学してきた。たいていは読みきれずに落伍してしまうものなのですが」

関根が39歳で入学した東京大学大学院、その担当教員だった当時東京大学大学院学際情報学府准教授中原淳（現・立教大学教授）はそう振り返る。

「大人の学びを科学する」を掲げて、企業における人材開発・組織開発を研究テーマとする中原と、当時人材教育研修ベンダーの会社を辞めて独立し、人材教育の講師業を始めて4年目の関根。二人が出会ったのは２００８年、アメリカはカリフォルニア州サンディエゴで開かれた世界的な人材教育カンファレンスでのことだった。07年から連続してこのイベントに自費で参加していた関根は、08年に会場で中原を見つけて思わず声をかけた。

「中原先生ですか！」

それはあまりに唐突な出会いだった。けれど思わず声が出るほど、関根にとって中原は憧れの人だったのだ。

「私は先生の東大のゼミに入りたいと思っているのですが、どんな勉強をしたらいいでしょうか？」

緊張の余り単刀直入にそんな言葉が出た。それくらい「東大大学院」と「中原淳」という存在は、当時の関根にとっては縁遠いものだったのだ。

関根は１９７２年生まれ。埼玉県の熊谷西高校を卒業後、「ヘリコプターのパイロットになる」と言ってアメリカの大学に進んだ。そこを5年かけて卒業し、97年25歳で日本に帰国。教育関連の会社を2社経験し、２００５年に独立。09年に次女の誕生を機に「自然豊かな土地で子どもを育てたい」と考えてときがわ町に移住した。

当時は、人材教育の新人講師。中原が編集に当たり、人材教育の世界に「科学」と「理論」を導入するきっかけとなった『企業内人材育成入門』（ダイヤモンド社）をむさぼるように読んだ。そこにはそれまでの教育論とは一線を画した中原の斬新な理論が書かれていた。関根は自身の将来を、「経営の世界に教育学の知見を入れて人の育成を図っていく」という、その方針に託そうとしているところだった。

ちょうどそのころは、この国の人材教育の転換期だった。それ以前は、企業内で開かれる講座といえば、長年営業職や人事職を務めた「部長あがり」の人が講師となって、自分の経験をとうとうと話す世界。マネジメント理論やデータよりも、個人の経験と勘でカリキュラムが組まれる「勘と経験と度胸（ＫＫＤ）の教育」（中原）の世界だったのだ。

けれど２０００年を境に「新人が３年で３割辞める」という早期離脱が問題となり、それを防ぐために社内組織改革やマネジメント改革が必要となった。その時東大と大阪大学大学院で教育学と人間科学を学び、米国マサチューセッツ工科大学で客員研究者を務めた中原は、この業界の「革命児」として登場した。関根より３歳年下だが、遥かに先をゆくロールモデルだったのだ。

一方の中原は、突然出会った関根のことをこう思っていた。

――このカンファレンスのためにアメリカまで自費で来る人は珍しい。たいていはツアーを組んで通訳のついた団体で来るものなのに、彼は一人で来た。英語もできる。ゼミに入りたいというなら、必須としている１００冊の参考文献のリストを渡してみるか。

まさにこのリストこそ、関根にとっては「希望への扉」だった。帰国後すぐに書籍を購入。全て専門書で英語のものもあったが、持ち前の「努力の才」を発揮して毎月５冊をノルマとして読破。その感想や学びをブログに書き綴った。やがて09年７月、大学院の入試に合格。希望が通って10年の春に中原研究室の扉を開ける。

だが本当の試練はこれからだった。

相互貢献ができなければ

中原研究室にゼミ生として入室できるのは毎年2〜3名、非常に狭き門だ。もともとが研究者や大学教員の育成を目的にしているから、大勢入れても無理が出る。関根は社会人学生としてここに入った。週に2日、火曜と水曜に授業とゼミを集中的に入れて大学に通い、あとの日々は仕事に当てた。ときがわ町から東京本郷の東大までは電車で約2時間。その時間はもっぱら読書とメール作業に明け暮れた。通常、修士は2年間で取得するものだが、仕事と学びを両立させるために、関根はそれを3年間に延長して卒業する計画を立てた。

もちろんゼミ生の中では最年長だった。しかも大学時代に教育学も経済学も本格的なカリキュラムは学んでいない。ことに専門知識が必要な統計学は基礎がないから難しかった。中原もその様子をよく覚えている。

「当時の研究室のテーマとして、理論とデータに基づいて人材開発を企画して構想するというものがありました。2週間に1度程度はデータを分析してもってこいという課題を出した。関根さんにはそれが難題だったはずです」

データ分析の課題が出ると、関根は先輩にそのやり方の指導を受けないといけなかった。

先輩とはいっても、周囲にいる多くは20代半ばの若者たち。一回り以上年下の人間に頭を下げることになる。中にはすでに、東大やコロンビア大学で修士をとった人もいた。年齢に関係なくそういう「才能」に対していかに素直になれるか。この時の姿勢が、社会人学生が修士号を得られるか否かの分かれ目となる、と中原は言う。

「社会人でゼミに入ってきて伸びる人は、社会人面して上から目線で話さない。年下の人にも頭を下げて虚心に誠実に学べる人。社会人面する人はそれができずに伸びない。もちろん人から知識をいただくだけの人も相手にされません。一匹狼になって誰からも声がかからなくなります。研究室は相互貢献する場なのです。まだ自分に専門性や技術がない時代には、Give、Give、Giveと3回周囲に貢献するくらいの気概でいて、1回Takeできるくらいです。彼はそういう所は天才的でした」

月に1度回ってくる自分の修論の研究発表も厳しかった。ゼミの先輩院生からの理路整然とした指摘や質問に、いつもタジタジとなり、答えに窮してしまう。そのたびに落ち込むのだが、関根はめげなかった。

扉をこじ開けるように年若いゼミ生の中に溶け込んでいき、お互いの関係性をつくり、いろいろなものを吸収し、しっかりと相手にも貢献する。そのサイクルが関根は得意だった。時にはゼミ生の集まりに子どもを連れてきて空気を和ませた。社会人としてのアドバイスを求められたら上から目線ではなく正直に答えた。逆に何かを教えてもらったら素直に頭を下げる。その繰り返しの中で、関根は中原ゼミに集まるこの世界の最高峰の「才能」とめぐり合った。

チームの力を知る

同時にこの時、関根は経験的にチームで課題に取り組むスタイルを学んでいた。

振り返ってみれば独立後の関根は、ずっと一人で仕事をこなしてきた。家族や妻以外、その周囲にパートナーがいた形跡はない。けれどこの研究室での3年間で、関根は自分にはない才能を持つ仲間との共同作業を経験した。その結果、個人としても修士論文という大きな成果を出すことができた。この修論は、中原が中心となって執筆に当たった専門書の一部に採用された。データと理論を駆使した新しい人材教育の研究者、指導者として「東京大学大学院卒業、修士」という肩書と共に、関根は明らかにスキルアップしたのだ。それができたのは年若い仲間との相互貢献だった。だから関根にはパートナーを持つことの意義が身に沁みたはずだ。

この経験を経て、再び関根は人材教育業務に専念する。すると、そこにいくつかの「偶然の必然」が起きた。

３．起業の相談に乗ってくれる人

パートナーの誕生

「関根さんに起業の相談に乗ってもらったのは２０１４年でした。当時私はサラリーマンで４年かけて行政書士の資格をとった。さてこの先どうしようと、人材教育や企業人事の専門家だった関根さんに相談したのです」

現在は人材教育の講師を務め、関根の側近でもある林博之が言う。実はこの相談の時に、林は初めて「関根さん」と敬称をつけて呼んだ。それ以前は、高校時代の演劇部の同期だったから当然「関根」と呼び捨てだったのに。

高校時代からドラマやＣＭのオーディションを受けていた林は、卒業後は役者の世界に進み、ＣＭを中心に活躍していた。高校卒業後、二人は関根が年に１度帰国すると会う程度の仲。関根がアメリカで何をしているか、帰国後どんな世界で生きているのか、詳しくは知らなかった。その間に林は結婚し家族ができた。それに伴って役者を辞めてサラリーマンになった。

ところが14年に会ってみると、関根は東大大学院卒業の金看板と共に自ら執筆した人材教育の専門書をもってきた。

「すげー出世したなぁ」

林は関根の姿に驚き、喜び、自身の今後の身の振り方の「人生相談」に乗ってもらった。こう振り返る。

「その時、独立のためにと関根さんに言われたのは、自分の得意技を知ること、顧客を見つける方法を考えること、同業者のやり方を研究すること、この3つでした。いきなり独立はするな。今の仕事をやりながらこの3つを考えろ、とアドバイスされました」

林はその言葉通りに自分自身を振り返り、出した結論は「関根さんの真似をすること」。自分の得意技は役者としてのスキル、人前で話すことと、諭すこと。さらに行政書士として、企業経営の知識もある。ならば関根の講座の講師として使ってもらえないか。

関根もそれに応えて、15年から林に自分が企画運営する講座の講師を依頼した。もちろん当初は失敗の連続だった。役者の自覚が強いから、演じすぎてしまう。関根はその都度林に助言しながら、パートナーの養成に取り組んだ。そこに「偶然」がやってくる。

人と仕事が集まる町へ

2016年、埼玉県の川越比企地域振興センターから関根のもとに、単年度事業として「起業家育成講座」ができないかと打診があった。ちょうどその時、関根は人材教育を行う会社とは別に、地域おこしをテーマとする「ときがわカンパニー」を設立していた。

それ以前はボランティアで地域おこしを行おうとしていたが、何人かのビジネス仲間から「事業にしないと意味がない」とアドバイスを受けたからだ。

その新会社の事業として、県がクライアントならうってつけだ。関根はこれを受け、2017年に4人の受講生を1年間、教育して社会に送り出す。デザイナー、不動産事業者、農家、アロマセラピストがそれぞれのビジネスアイデアを持って巣立っていった。

この時林とともに、もう一人独立していた整体師の栗原直道も講師としてこれに参加。指導者としてのスキルも磨いた。

2年目には県からの委託はなくなったが、関根は自社でこれを継続することを選んだ。それは子育てする地域を思ってのことだった。こう語る。

「ときがわ町はいいところですが町内に本屋もないし企業もあまりない。学校も中学までしかないから、子どもたちは高校からは外に出ないといけません。果たして大学を卒業したときにこの町に戻ってこられるのか？　それを考えると、ときがわ町に人が集まり仕事が生まれる環境、起業できる環境をつくっておくことが必要だと考えました」

とはいえ、それだけではないはずだ。関根は企業家として、起業塾（現・起業大学・大学院）と人材育成ビジネスの「相互貢献」型のリンクを狙ったに違いない。

起業家を育てる場があれば、その講師の育成ができ、林や栗原に講師としての仕事も与えられる。そこで養った講師としてのスキルは、本業である「人材育成」の場でも使える。

起業塾から育つ才能も様々だから、「地域に新しい仕事をつくるプロ」や「イラストやデザイン、編集のプロ」、「ライティングのプロ」、「動画撮影編集のプロ」といった、人材教育の周辺領域のプロフェッショナルともチームがつくれる。

彼らがいれば、一人会社《いちにんがいしゃ》でも大企業相手のビジネスが直接できる。

幾つかの「偶然」を元に、関根は「相互貢献チーム」という「必然」を生み出したのだ。

その結果、関根が経営する人材教育会社「ラーンウェル」は、大手クライアントの人材育成講座の仕事を代理店や大手教育会社を挟まずに直接受注し、チームのメンバーで講座や講師を賄っている。そのスタイルを見て、中原はいう。

「今でも関根さんは、私の研究室の学生たちとかかわりを持ってくれています。学生や大学院生は、独立起業を志している人も多い。そういう人には、関根さんに相談してみては、とアドバイスしています。関根さんは、研究室のＯＢや現役生に仕事を発注してくれることもあるようです。志を同じくする人をうまく巻き込んで、アライアンスを組んでチームで仕事をすることがうまい。だからクライアントになる企業も、関根さんが一人会社だとは思っていないのではないでしょうか」

その体制を維持し強化するために、例えば関根は起業塾の卒業生と「共著」を出して、卒業生を「著者」として独り立ちさせようとする。林とも共著を出して、講師としての信頼性を高め、一歩上に引き上げる。中原研究室の後輩から「独立」の相談があれば、親身になってこれを受けアドバイスする。

既に「必然」となっている後輩や後継者の育成は、関根にとって事業であり、この地に生きるものとしての使命でもある。

4. 起業塾は自分を確認するところ

関根さん、聞いてください

だから、この地にはこんな声が響いているのだ。

「一人で仕事をやっているとあぁもうダメ、辞めよう、何でこんなに風当たりが強いのかと思って辛いことばっかりです。でもそういう時は関根さんが月に1度役場の前庭でやっている『本屋ときがわ町』にいって愚痴を聞いてもらうんです」

この町で不動産業を営む尾上美保子（1期生）が言う（第4章参照）。町から「集落支援員」の仕事を受けている尾上は、町が運営する「まちんなか」と「やまんなか」というふたつのシェアハウスの管理人だ。そこで生活したいという希望者に、どちらもふさがっている時は別の空き家を紹介することもある。不動産業なのだから当然のことだ。けれどそれをやっかんで、当初は「公私混同だ」と非難する町議会議員もいた（今は移住・二拠点生活者獲得の大事さが理解されて、誰も非難しなくなった）。

「でも関根さんに相談すると、大丈夫だよと優しく言ってくれます。その笑顔をみるだけで私は安心する。卒業して4年たちましたが、いまだに私にとって起業塾は自分を確認するところ。傷ついたら戻るところ。関根さんは私のビジネスのスタートを知っていますから、立ち話をするだけで元気になるんです」

　都内でインテリアデザイナーとして活躍する高村さおり（４期生）は、こう語る。

「比企起業塾では受講生の得意を活かして仕事の受発注が盛んに行われています。卒業しても、このことならあの人に相談しようとか、仕事をお願いしようとか、誰に相談したらいいのかと問い合わせが来たりして、他業種との繋がりができる。これがＯＢ、ＯＧの財産です。『小さく始めて長く続ける』が起業塾のコンセプトですが、関根さんの人を動かす力をまさに表現している言葉だと思います」

　大手企業でデザイナーとして働いていた高村は、出産と子育てを機に独立を考えていた。そんな時に１期生のデザイナー久保田ナオの紹介で関根と出会い、受講することに。それまでは独立をそれほど切実に考えてはいなかったというが、半年の受講期間の中で決意。デザイン事務所を起業して約１年が経つ。

「起業塾にお世話になったから、あまり孤独を味わわずに済みました。関根さんや受講生たちの横の繋がりは太いです。いまは子育てと仕事のやり甲斐を自分のペースで叶えることができるポテンシャルに、びっくりしているというのが本音です。ただ、月によっては収入が0になることもあり、その波が凄いので慣れない部分もありますが――」

誰もが独立に不安を感じながらも、比企起業塾という「ふるさと」の存在に励まされながら道を切り拓いている。ときがわ町には「起業の町」というイメージも定着してきた。関根の熱意が、それを支えている。

健康と家族第一の生活

ときがわ町での関根の朝は早い。フェイスブックにはこう記されている。

「×月×日×曜日朝一仕事。7時次女を駅まで送り朝食。8時半Zoomコーチング。11時半山歩き１９７。12時半昼食。午後自宅で仕事。16時プール１２８～」

朝は4時過ぎには起き出して朝食前に一仕事。事務所ワークの日には裏山を1時間歩き、近くのプールで泳ぐ。１９７、１２８という数字は、それらの年内の実施回数だ。

山裾に建てた自宅は遠くからも目立つ白壁の４ＬＤＫ。土地は３００坪。アイランド式のキッチンがあるひときわ大きなリビングが自慢で、ときがわの自然を一望する特注の大きな窓が印象的だ。

「この自宅はインテリアデザインを学んだ妻の律子さんが設計しました。そもそもこの地を気に入ったのも妻で、故郷の大分の風景に似ているというのが決め手でした」

二人は高校卒業後、アメリカ留学時代に知り合った。ミシシッピ州の田舎町の大きな家と自然溢れる生活。その共通経験が今の生活のベースにある。

ときがわ町とは、次女が生まれ移住先を探している時にまず律子が出会った。

「車でこの路地に入ってきたら、近所のおじさんに『ここは子どもの通学路だから車で入っちゃダメだ』と叱られたんです。でもそれが逆によかった。町の人たちが子どもたちを見守ってくれている。それも選択の理由の一つでした」

移住して14年目。関根のモットーは「健康と家族第一」。仕事は自ら決めた「年間80セミナー」を守る。それ以上講座を企画運営すると、自ら学ぶ時間がなくなるからだ。

もちろん週に何度かは打ち合わせで都内へ出る。最寄りの東武鉄道森林公園駅まで車で約20分。駐車場は一日停めても５００円程度。始発に乗るから座って池袋まで約１時間だ。

山歩きやプールで鍛えた逞しい身体つき。「快適な生活です」と笑顔で語る。２０２１年から始まった比企起業大学・大学院には、22年も15人の入学生がいる。

人が生まれ、人が育ち、仕事が生まれ、そして支え合う。

大きな循環の渦が、トカイナカに生まれている。

第4章 トカイナカで古民家暮らしをする

——千葉県匝瑳市、埼玉県ときがわ町

1．移住コンシェルジュのいる町、千葉県匝瑳市

ダウンシフトという生き方

千葉県の九十九里浜に面した匝瑳《そうさ》市には、「減速して生きる＝ダウンシフト」をモットーにする移住者がいる。

高坂勝。51歳。最近始めた月に1度の東京新聞のコラム連載に、こう書いている。

「『何で働くの？』と問われ、『食べるため』と答える。食べるために働く結果、料理の時間が削られた。家で語らう時間もない。そもそもそんな余力もない。食べるために働く結果、ろくなモノを食べてない。（中略）自分は三十路で年収六百万円、でも会社を辞めた。一人、都心でＢＡＲを始めた。年収三百万円を超えなくした。必要以上にもうけない。必要以上に働かない。売り上げが増すと週休二日へ、さらに増すと週休三日へ。休みはここ匝瑳市に何度も通った。米を育てた。野菜を育てた。山菜採りした。みそをこさえた。家を直した。電気もつくった。『自分でやる』を増やしたら、少しの稼ぎでカネが余った（以下略）」

高坂は30歳で自ら会社員人生を捨て、各地での放浪を経て34歳で池袋にオーガニックバ

ー「たまにはＴＳＵＫＩでも眺めましょ」を開店。約14年間経営した。ＢＡＲ時代には「繁盛しないこと」を目標にして、お客さんとの対話を大切にした。店のマスターがお客さんとコミュニケーションをとるには、店が暇でないとできない。人気のメニューができると、あえて翌日からひっこめた。他の店では売れている酒もあえておかなかった。そうしたのは現代社会に対する警鐘の気持ちからだった。こう語る。

「経済成長を追い求める社会に乗っかる人生は人間性を疎外します。環境問題も経済格差もますます酷くなり、このままいったら地球や人類はパンクするでしょう。自分たち一人一人がダウンシフトして、人間らしい生活を取り戻さなければ。世直しと思ってこの生活を始めました」

　アメリカには、ボストン郊外のウォールデン湖のほとりに自らの手で家を造り、２年間「いかに働かずに自由な時間を得られるか」という自給自足の生活を試したナチュラリスト（博物学者）、ヘンリー・デイヴィット・ソローがいた。

　ソローの試みが生まれたのは「資本主義が拡大して自然が失われていく転換期」だったからだというが、それが明治維新の前、１８４５年というから驚きだ。欧米にはあの時代から文明の過度な発展に警鐘を鳴らす思想があったのだ。その思想はトルストイ、マハトマ・ガンジー、マーティン・ルーサー・キングらにも多大な影響を与えたと言われている。

日本にはかつて、このような主張をして脱文明生活を実践した人がいただろうか？　明治維新から約１５０年、ソローのウォールデン湖の生活からは約１８０年。やっといま高坂勝が現れたということなのか。

高坂はオーガニックバーを経営しながら、日本版『森の生活』ともいえる『減速して自由に生きる――ダウンシフターズ』という本を書き、各地で講演活動なども行っている。

ＢＡＲ時代、高坂は休みの日には車を駆って首都高から東関道を走り房総半島を横断、すでに田んぼを借りていた匝瑳市へ通った。そこでは米や野菜を育て、味噌づくりや家づくりのＤＩＹも学んだ。「世直し」の生活をさらに極めて、匝瑳市での生活はより求道者的になった。

そのＢＡＲも２０１８年には閉めて、いまは匝瑳市に完全移住。現在はさながら「移住のコンシェルジュ」とも言えるＮＰＯ法人「ＳＯＳＡ　ＰＲＯＪＥＣＴ（ソウサ・プロジェクト、以下ＳＰ）」を立ち上げて活動している。

その組織で行っているのは、匝瑳市にある谷津田（谷地にある田んぼ）を中心に、米づくり、里山整備、田舎暮らしのスキル伝達、空き家のセルフリノベーション、移住者斡旋業務等々、多岐にわたる。

米づくりに自信が出てくると移住希望が……

地元の農家から借りた約1・2ヘクタールの田んぼでの「マイ田んぼ」事業は、都市生活者で米づくりに憧れる人、自給自足を試みたい人、子どもと農作業をしたい人等に人気で、応募者は、毎年36人（組）の定員をオーバーする。

高坂は、さまざまな理由でやってくる人たちに田んぼを割り振り、1区画約15坪（約50平方メートル、0・5畝）を年間4万円で貸し出す。そこでは農薬を使わない「冬期湛水《たんすい》不耕起栽培」を指導する。冬に田んぼに水を湛《たた》えて微生物を増やす農法だ。それ以外にも、農薬や除草剤を使わないならいろいろな農法を試していい。農機具は共有して、田植えも稲刈りも一緒に行う。1年目の試練（？）を乗り越えて2年目、3年目にもやってくる人には、より広い区画を分ける。だんだんと米づくりもうまくなり、自給自足に近い収穫量をあげる者も出てくる。

そうやって匝瑳市での米づくりに慣れ、仲間もでき、都心から約2時間の道のりが苦でなくなると、少なくない人が「移住したい」と思うようになる。

けれど移住希望者には、家の確保が大きな課題だ。他の市町村の例に洩れず、匝瑳市もネット上で「空き家バンク」を設けている。けれどそこに掲載される空き家は５００万〜８００万円と高価で、数も少ない。地域コミュニティに敏感な家主たちはみな、「誰が使うかわからないのに無闇に手放せない」と慎重だからだ。

「そういう空き家バンクや地元の不動産屋が扱わない不良物件をぼくらは『拾ってきて』、移住希望者と一緒にリノベーションするんです（笑）」

実はこの取り組みこそが、空き家対策には必要不可欠だ。既成の不動産市場や空き家バンクがあっても、トカイナカエリアの空き家は利用できる状態にはなかなかならない。家主にとっては「誰が使うかわからない」という不安だけでなく、家には仏壇や位牌がおいてある、兄弟が多くて意思が一つにならない、時折親族の集まりで使うときがある、こんなぼろ家に誰が住むものか、値段なんかつくわけがない等々、様々な理由で空き家を手放さずに放置しようとする。

そんな家主を説得して空き家を放出させるＳＰの存在がなければ、匝瑳市には半年間に約10組といわれるほどの移住者はやってきていないはずだ。

空き家の急増に困惑する自治体、空き家が借りられなくて困惑する移住希望者

では全国の空き家の状況はどうだろう。

総務省の「住宅・土地統計調査」は5年に1度行われる。直近（2019年9月30日）に発表された「住宅・土地統計調査」によれば、過去30年間（1988〜2018年）で全国の空き家数は約394万戸から約849万戸へ、空き家率は13・6％。数では2倍以上に増え、空き家率でも過去最高を記録している。

東京都の空き家は約81万戸。空き家率は10・6％。前回調査よりも微減だが、その数は全国一多い。そのうちの「腐朽・破損なし」の空き家は約69万戸で、その多くは賃貸用住宅だ。「腐朽・破損あり」の空き家は約12万戸。そのうち家主が長期不在（あるいは家主不明）のものは約4万戸ある（「東京都空き家情報サイト」より）。

適正に管理されない空き家の増加は、一般的に、

①公衆衛生や治安の悪化、景観の阻害など生活環境に悪影響を及ぼす
②周辺の不動産価格の下落
③コミュニティの機能低下

等の要因になるとされる。

この状況を問題視した国は、２０１５年５月に「空家等対策の推進に関する特別措置法」を施行した。この法律では、空家対策に主体的にとりくむのは「市区町村」であるとし、「空家等対策計画」は各自治体が進めること、としている。

そのため前述のような「空き家バンク」が全国の自治体でつくられ始めたのだ。

ところが、これがうまく機能しているケースは稀のようだ。

例えば埼玉県美里町では、町の予算で町内の空き家調査が行われ、２６９軒の空き家があると報告されている。人口約１万１０００人、世帯数４４９６世帯だから、単純計算で空き家率は5・98％。全国的に見れば、それほど高いというわけではない。

けれど問題はここからだ。担当者に聞くと、

「空き家状態にあるということは確認できましたが、家主さんがそれを賃貸に出したり売却したりしてもいいと思っているのか、それとも自分や親族で維持しようとしているのか、そこまでの意思確認はできていません」

つまり空き家ではあるけれど、今後移住・二拠点生活希望者がやってきたときに「使え

る（紹介できる）空き家」なのか否か、肝心のデータを持っていないのだ。

なぜなら空き家は家主を捕まえるのが難しい。個人情報の問題もあり、役場は固定資産税の書類を送るときに「質問書」を添えることしかできず、返答を待つしかない。役場に自ら家主のもとを訪ねて質問したり手放すことを説得したりする人がいれば別だが、なかなかそこまで熱心な担当者はいない。全国に生まれた空き家バンクの実態はここにある。

また空き家を手放すことを家主が納得した場合でも、トカイナカエリアでは都会とは違う課題がある。都心なら、手放すことにした空き家は、既存の不動産市場に出してしまえばいい。ネット上で情報開示すれば、その価格次第で買い手も借り手もつくだろう。

ところがトカイナカエリアでは、そうはいかない。前述したように、地域コミュニティの存在が大きくて、家主がそれを無視できないからだ。

家主が気にするのは売値や家賃以上に、その物件を買いたい、借りたい人はどんな人たちで、どんなふうにその物件を使いたいのか、その地に移住や二拠点生活をしたい理由はなんなのか、ということだ。

そういう移住や二拠点生活希望者のデータをリスト化している自治体は少ない。だからこそ本項で書くように、高坂のような「移住コンシェルジュ」や、次に書く埼玉県ときがわ町の不動産業者、尾上美保子のようなスペシャリストが必要になる。

家には歴史と魂が宿っている

匝瑳市に田んぼを持ってからすでに13年。地元民にも信用を持つ高坂のもとに、つい最近もとある集落から「いい空き家がある」と情報がはいった。長年使われていないけれど、年に1、2回風通しをしたり整備したりしているので、状態のいい家だという。訪ねてみると確かに立派な建物で、少し手を入れれば快適に使えそうだ。土間があることが高坂は気に入った。土間があると、色々な作業がしやすいからだ。

この家の家主は君津市にいて、公務員をしている。近所に紹介してもらって「移住希望者にお貸しいただけないか」と相談したところ、それを承諾してくれた。ところが後日、希望者が見つかったので電話すると、予想外の言葉が返ってきた。

「母が大切にしてきた家とはいえ古い家だから借り手は見つからないと思い、私の子どもに負担を残すわけにはいかないと考えて、明日には不動産屋に出すつもりです」

不動産屋に出されたら値段（賃料）も高価になり、借り手も誰だかわからない人に決まってしまう。高坂が見つけてきたこの家を借りたい人は、匝瑳市に何度も通ってこの地に移住したいという大学生二人組だ。顔の見える人に使ってもらった方がいい。何のために使いたいのかもわかるから近隣も安心だ。高坂はそう家主に訴えたが、電話口で「明日契約する。もう少し早ければ」と言うばかり。

それでは仕方がない。高坂も一度は諦めざるを得なかった。

ところが数分後、再び家主から電話がかかってきた。

「考え直しました。その若者を信頼してみたい。お貸しします」

地元を離れている家主は、若い人が想いを持って移住にチャレンジすると聞いて、高坂らの言動に共鳴し、託してみたいと考え直したのだ。

そこから学生の仲間たちによる建物のリノベーションが始まった。２０２２年の春からは、若者たちの活動の舞台になった。高坂は言う。

「田舎の空き家は物件ではなくて大家さんの歴史や魂が宿っている。それを借りるには信頼関係が必要なんです」

地域の人々は、誕生して11年になるＳＰの活動をよくみていて、評価してくれている。貸している田んぼもしっかりと使い、里山の整備も手伝ってくれる。マイ田んぼやイベントの時には都会から大勢の若者がやってきて、最近は地域も賑やかになってきた。そういうことも評価の対象なのだ。

だからこそＳＰには、不動産屋にも自治体の空き家バンクにも出ない情報が寄せられる。

空き家対策は人口減少対策にならない？

ところが。ＳＰの空き家に対する取り組みを視察に来た都心の自治体の担当者の中には、こう言い放つ者もいた。

「ソウサ・プロジェクトがやっているような空き家対策は人口減少対策ではありません。移住者を増やしてもわずかなものだから町の人口は増えない。人口を増やすには新築アパートをつくって若者を呼び寄せればいい。空き家対策は、町の賑わい対策だと思います」

――何を言っているのか？　と高坂はあきれ顔だ。

そもそもそんなにその町に引っ越したいというニーズがあるなら、民間企業がとっくに住宅供給（分譲あるいは賃貸）を行っている。まして行政が手がけるハコモノ政策は、たいていは財政を圧迫する。センスのない新築は安普請だし、エコでもない。仮に新築して人口が増えたとしても、増える空き家はどうするのか？

この担当者は、多様に連鎖する社会課題を包括的にみていない。全国約１７００の自治体の半数が過疎地域指定される現在、人口対策や過疎対策に特効薬はない。もはやどの自治体も大量の流入人口は期待できないのだから、移住や二拠点生活希望者を丁寧に掬っていく必要がある。

一方では空き家対策も必要だ。一軒一軒家主と信頼関係をつくり物件を市場に出してもらう。移住者と家主、双方の希望をよく聞いて、両者をマッチングさせていく。そういう粘り強い取り組みが必要なのだ。

もちろん地方の新築物件に移住したいという富裕層もいる。けれど彼らは往々にして家を塀で囲い、門を強固にして住む。地域コミュニティに混じろうという気持ちはない。別荘気分だ。そういう人が増えても地域は活性化しない。移住者の活力を使ってコミュニティを活性化するには、資金力はないかもしれないが古民家の縁側を活かした交流や、農村の景観に馴染むリノベーションで住もうという意欲のある人を獲得することが大切だ。

ＳＰは、何年もかけて田んぼでの米づくりを愛する人、古民家を愛してリノベーションして住もうとする人等、「地域に溶け込もうとする移住者」を大切にする。

そこにこそ、人口減少地方の疲弊時代に求められる地域活性の真髄がある。

移住者と大家の事情

ＳＰに古民家を見つけてもらってこの地に移住した西健太郎はこう語る。

「匝瑳市にはマイ田んぼがきっかけで通うようになりました。リノベしたこの家は約30年間空き家だった物件です。約１００坪の庭が草ぼうぼうで表の通りから家も見えないくらいでした。だから誰も相手にしない物件だったんでしょう。中を見せてもらったら窓ガラスなどは固まって開けるのに苦労しましたが、建物の傷みは少なくまずまずの状態でした。庭の草刈りをやったら、住み心地抜群です」

コーヒーが趣味の西夫妻は、自分たちで焙煎した豆を使って、カフェの経営を目指している。

高坂は、移住者や将来の移住希望者を対象に、この地であまりお金をかけずに豊かに暮らすための多岐にわたるワークショップを実施している。その名は「自分の家で自給生活できるワークショップ」。

米や大豆づくり、太陽光発電、家の周囲の水はけをよくする土木工事、ＤＩＹでの家づくり、物々交換経済、地域の人とのコミュニケーションの築き方等々。それらの知恵を学ぶために、大勢の都市生活者が匝瑳市にやってくる。

一方、地元民で「村つくり協議会」を起こして地域活性に取り組む椿茂雄は、髙坂らSPの活動をサポートしてきた。こう語る。

「地域としても移住者は来て欲しいのですが、地域と共に生きていってくれる人でないと共生は難しい。とはいえ初対面では、そういう人なのかどうかわからないじゃないですか。でも髙坂さんたちと一緒に活動している人だというと安心感がある。また何かあっても髙坂さんたちが仲立ちしてくれる。だから地元民も信頼できるんです」

匝瑳市では２０２１年には半年で7組の移住希望者が、古民家とマッチングできて移住した。22年2月には移住者から市議会議員も誕生した。

移住コンシェルジュとしてのSPの存在が、町や地域に活力を与え続けている。

2. 空き家古民家と移住二拠点生活希望者のマッチングを

山のおばちゃんの信頼感

一方、第3章「トカイナカで起業する」でも触れたように、「都会に一番近い田舎」の埼玉県ときがわ町には、比企起業塾（当時）の1期生で不動産業を展開する尾上美保子がいる。彼女は、移住者や不動産周りの関係者からは、いつからか「山のおばちゃん」と呼ばれ親しまれている。彼女なくして、ときがわ町の空き家古民家と移住二拠点生活希望者のマッチングはありえない。

地元民に対しては、町の「集落支援員」として、町内の空き家物件の相談にのる。移住二拠点生活希望者たちには、町が所有するお試し移住施設「やまんなか」の管理人として、そのオーダーを受け付け世話をする。

日頃から親しみやすい笑顔を絶やさずに、彼女の身体全体からは頼りがいのあるオーラが滲み出ている。町の面積の７割を森林が占める「やまんなか＝ときがわ町」にあって、移住二拠点生活希望者の情報と、空き家不動産情報を一手に引き受けていることから、このニックネームになったのだ。

とはいえ、尾上はこの町で不動産業を開業しようとして第３章で紹介した関根雅泰が運営する「比企起業塾」を受講したわけではない。そもそもは受講する翌年の２０１８年に「民泊新法」が施行され、民泊事業が認められるらしいとききつけて、それを事業化できないかと考えていた。こう振り返る。

「私はそれ以前に隣町小川町で接骨院を経営していまして、二つ目の事業として民泊を考えていました。ところがその物件を探し始めたら、ときがわ町でなかなかみつからなかった。生まれ故郷の越生町にいくと結構空き家が出ているのに、なぜときがわでは空き家が出ないのか不思議だったので、役場のホームページを見たら移住希望者が１００世帯くらい待っていて、空き家は２、３軒しか出ていなかったんです。役場の人に聞いたら町に不動産屋がないからだという。これはちょっとまずいなと素人ながらに思ったんです」

実は尾上は、接骨院を開業して営業が軌道に乗るまでの１年間ほど、近隣の不動産屋にパートで勤めていたことがある。それ以前の20代の頃、勤めていた司法書士事務所の所長から、「国家資格は何でもとっておいたほうがいい」と言われて宅地建物取引主任者（現・宅地建物取引士）の資格をとっていたからだ。

本格的に不動産業の経験はないものの、このとき思った。

「私にも不動産屋ならできる」

ときがわ町の移住者向けの物件斡旋をイメージして、不動産業を開業したのだ。

素人だったからできたこと

ところがこれに、昔の同僚たちは大反対だった。当時をこう振り返る。

「昔お世話になった不動産会社の部長に『ときがわ町で不動産業をやります』とご挨拶の電話を入れたら、『あんたわかってんの?』って。田舎の空き家物件なんて価格が安すぎて手数料が稼げない。手間がかかるだけ。事業として成り立たないからやっても無駄。損するだけ。もう一回考えろって、そう言われました」

そう言われても――と、尾上は考えた。ときがわ町に移住したい人は大勢いる。それに対して物件がない。市場に出てこない。この状況を改善できるのは不動産業者しかいない。でも儲からないから既存の業者がこの町に入ってこないのはわかった。ならば私がやるしかない。そう直感した彼女は、猛然と走りだしたのだ。

もともと尾上はパワフルな人だ。30代で結婚、妊娠、出産、育児を経験し、3人の子どもを育てながら日帰り温泉のマッサージ師として働いた。その仕事が自分にあわないと感じると独立を考えて、接骨院を開業。その事業が軌道に乗るまで、介護施設でも働きパラレルワークで凌いだ。大変な生活だったが、転んでもただでは起きないのが尾上の特徴だ。

接骨院は2年間赤字だったが、介護施設でいいセラピストと出会い、接骨院に招いてから経営は軌道に乗る。そこで民泊業を考えて起業塾へ。さらに町の課題を感じて流れるままに不動産業へ。常に2つ3つの仕事を手がけるバイタリティの人なのだ。

そのバイタリティに加えて、このときの尾上にはもう一つの切り札があった。

それは不動産の「素人」だったこと。こう振り返る。

「あの時もし私がベテラン不動産屋だったらこの仕事はやらなかったと思います。昔の不動産仲間は皆私を止めましたから。業界的に空き家物件は手間ばかりかかって儲からないというのが常識です。私はそれを知らないから猪突猛進しちゃったんだと思います」

その熱意が天に通じたのか、この時さらに幸運もやってきた。

それは起業塾を卒業するタイミングで、町の移住者お試し住宅「やまんなか」の管理人が辞めることになり、町が管理人を募集し始めたことだ。尾上は「やってくれない？」と町の担当者から打診を受けたこともあって、真っ先に手を挙げた。

その住宅は、この町の中心部JR八高線明覚駅（とはいえ無人駅、駅前にはデイリーストアが1軒あるのみ）から車で15分ほど走った、本当の「やまんなか」。町は移住希望者に対して2LDKの一軒家を月3万円で貸し出す。ほぼ新築に近い平屋で、広い前庭ではバーベキューもできる。居住者は最短7日間、最長で2カ月間そこに住んでときがわ町の自然や生活を実体験できる。

「私が管理人になった当時、希望者はがらがらでした。そこでネットやSNSで宣伝して、あっと言う間に居住希望者で埋めてその年から満室にしたんです」

その時尾上の頑張りへのご褒美は、満室の入居者だけではなかった。その手元には、ある宝が集まった。それはときがわ町への移住二拠点生活希望者の詳細なデータだ。

移住希望者の詳細なデータを集める

尾上は町のホームページにある「申し込みフォーム」とは別に、申し込み者にインタビューしてよりディープな情報を集めた。

――どんな家族構成でどれくらいの年収で、どんな理由で何を求めてこのときがわ町に移住したいのですか？

そのデータがその後の尾上の、いや、ときがわ町の財産となる。

尾上はそのデータをもとに、「やまんなか」が満室の時は、手持ちの空き家物件を移住希望者に紹介する。当初はそれをやっかむ人もいたが、やがて町民の誰もが理解した。

尾上が持っている移住希望者データと空き家のデータがマッチングすればこそ、この町に移住者や二拠点生活希望者が集まるのだ、と。

尾上は言う。

「なによりも優先するのは、どうしてもときがわ町に移住したいと言う人です。いい物件があったらどこでもいい、比企郡内ならどこでもいいというような人は、よその不動産屋さんにいってもらっていい。どうしてもときがわ町でないとダメ。その理由はかくかくしかじかで……、とその理由に私が納得できた人を最優先して、空き家古民家を紹介するようにしています」

同様に、家主の事情も尾上は熟知している。A家はおばあちゃんが決定権を持っている。おばあちゃんはあの家のここに執着している。だからそれを理解してくれる人でないと貸せない、売れない。B家は長男が都会に出ている。兄弟は複数人。だから全員を説得しないとダメ。C家にはお仏壇がある。まずはご先祖様を大切に供養しないとダメ、等々。

尾上は空き家情報をネットには出さないし出せない。出せば他の業者も入ってくるし、誰が買いつけにくるかもわからない。

「ネットでは細かい条件を伝えきれません。それに提示した金額でオーケーとなっても、その買い主が極端に宗教に熱心だとか日本の生活習慣を全く知らない外国人だとか、あとからわかって大家さんが嫌がっても、それを理由には断れないじゃないですか。だからネットにはなるべく出さないいんです」

では移住・二拠点生活希望者はどうやってときがわ町の物件情報に辿り着くのだろう？

「私のところに辿り着けた人だけが物件と出会える——、というと少し大げさですが、不動産とはご縁のものだから、昔からそういうものだったと思うんです」

地元工務店とのご縁

もう一つのご縁は、地元工務店との関係だ。

尾上は、不動産業を始めた当時から付き合っている工務店を大切にしている。不動産業を開業当初、まだ扱う物件数が少なかったころから尾上との付き合いを大切にしてくれた工務店だ。こう振り返る。

「開業当初は年に数件の案件しか扱えませんでした。そのリノベの仕事を引き受けてくれた工務店さんに、その後も集中して仕事を持っていくようにしたんです」

クーラー1個の取り付け工事から、建物全体のフルリノベまで引き受けてくれた工務店を頼りにして、尾上は町内中の空き家古民家物件を集めた。こう語る。

「空き家古民家の案件は、解体するにもリノベするにもすぐにやってくれる業者さんが不可欠なんです。ことに工務店さんは、一般的に見積もりが遅い。ところが私が最初から取引をお願いしている工務店さんは、工事の見積もりが早いんです。見積もりに２、３カ月も時間がかかると買い主さんも嫌になっちゃうし、熱が冷める場合もあります。だから最初の工務店さんとの関係をいまでも大切にしています」

こうしたネットワークがあるからこそ、尾上は町内の空き家物件の掘り起こしもでき、移住・二拠点生活希望者とのマッチングもできる。空き家古民家も、素早くリノベして活用することができる。

尾上の手元には、常に30〜40組の移住・二拠点生活希望者のリストがある。長いケースでは４年間も待っている人もいる。空き家が出れば、その中から最もマッチングしそうな人に連絡して現地を見てもらう。

２０２０年からは町の集落支援員にもなったから、空き家情報があればすぐに出かけて行き、家主の条件や考えを聞いて物件を市場に出す算段をする。

そういう手間もヒマもかけているから、尾上はこの４年間で50件近い移住・二拠点生活希望者をときがわ町に誘うことができた。

実はときがわ町は、２０２２年４月に総務省が発表した「過疎地域指定自治体」の一つとして名前があがった。役場の担当者に聞くと、

「あのデータは25年間の人口減少割合から算出されています。確かに25年前は人口が多かった。そこから減っているのは確かなんですが、ここ3、4年は減少度合いがゆるやかになっている。明らかに新しい移住者は増えています」

全国の自治体で人口減少は止まらない。その減少の度合いをゆるやかにして、町を持続可能にすることが各自治体の求めるところだ。

その時、それまでは邪魔者扱いされていた「空き家古民家」は、地域のコミュニティ維持・活性化の有力な資産となる。これを掘り起こして、そこに「地元に溶け込む」移住・二拠点生活希望者を呼び込むこと。彼ら「よそ者」と共に、地域のコミュニティをより活性化すること。

その汗の中にこそ、地域再生はある。

いまその取り組みが、全国各地で始まっている。

第5章　トカイナカでよそ者力を発揮する

――千葉県いすみ市

1．北斎の「グレートウェーブ」のルーツの町

地域の鉱脈「北斎×伊八」

「みなさん、この欄間に飾られた彫り物『波に宝珠』を見てください。裏側から見ると、あの葛飾北斎の『神奈川沖浪裏』と構図がそっくりです。この彫り師、伊八は江戸時代の人で北斎より8歳上。この寺には北斎の兄弟子の絵も残っていますから、北斎は伊八のこの彫り物を見て、『神奈川沖浪裏』のあの波の形を閃いたと言われています」

民間の研究団体「伊八会」（伊八とその作品を顕彰して維持保存しようという組織）の代表、當間隆代は、古刹の和室で欄間を指さしてそう語りだした。

　この日、私は、千葉県いすみ市に来ていた。房総半島南部、太平洋側の海岸線の町。浜辺を少し北上すると九十九里浜がゆるやかな曲線を見せはじめる。２０２１年に開かれた東京五輪では、隣町一宮町がサーフィン会場となった。日本のサーフィンの発祥地とも言われる一帯だ。

　普通ならこの地を訪ねる観光客は、サーファーかマリンスポーツの愛好者、あるいは圧倒的に釣り人だろう。稀にグルメの客が、海岸線から急に深みが始まりその最深部の棚に

生息する絶品の伊勢海老を目当てにやってくる。その他の魚も豊富に大原漁港に水揚げされる。あくまでも海と海産物が主要コンテンツの町だ。

ところがこの町の観光戦略を遂行するために2020年に生まれた「一般社団法人ツーリズムいすみ」（観光庁の候補DMO〈ディスティネーション・マネジメント・オーガニゼーション〉の登録団体）が企画したものの中には、一般にはあまり馴染みのない「北斎×波の伊八プライベートツアー」がある。當間たちと力を合わせて、伊八と北斎で町を盛り上げようとしている。

同ツーリズムが考えたツアーの一例はこうだ。
東京駅始発の特急で大原駅へ、約70分。そこから鉄道ファン垂涎《すいぜん》の「いすみ鉄道」に乗り換えて、「国吉駅」へ。そこでツーリズムいすみ自慢の「自家用有償旅客運送サービス＝ドライブいすみん号」（日産セレナ、運転手を除いて最大6人乗り）に乗りこみ、専属ドライバー（ガイド兼務）が運転して北斎と伊八のゆかりの古刹、行元寺《ぎょうがんじ》を訪ねる。

ホームページには、「お客様のご要望に応じてコースは自由に変更できます」とある。「モデルコース」として表示された国吉駅から行元寺の単純往復なら、拝観時間も入れて約1時間半。ガイドもできる運転手に頼むと1グループ9600円。ガイドなしの送迎のみだと６６００円だ。

そのページのタイトルには「鶴瓶の家族に乾杯　放送記念＆映画ＨＯＫＵＳＡＩ上映記念！」とある。２０２１年６月７日に放送されたＮＨＫの笑福亭鶴瓶の番組で、ゲストのさだまさしが行元寺を訪ねて、伊八の彫り物にいたく感心するシーンが流れた。それを見て問い合わせが殺到し、誕生したのがこのツアーだった。

私はそのツアーの開始を告げるプレスツアーでこの地を訪ねた。北斎のことは２０１８年に上梓した拙著『知られざる北斎』（幻冬舎）に書いた。だがその中に伊八は登場していない。噂は聞いてはいたのだが、テーマが「異文化から見た北斎」であったことと、二人が出会った決定的な証拠がないという理由から、あえて取材をしなかった経緯がある。

けれどいすみ市に来てみて伊八の彫り物の圧倒的な迫力に驚いた。それは行元寺だけでなく、房総半島一帯に点在する約80のお寺に龍、大黒様、鶴、鯉、麒麟、孔雀等さまざまな意匠で残っている。どれもが素晴らしい構図と技術力。見るものを驚かす訴求力。北斎は当時にあっては旅する人だったから、三浦半島から海路で房総半島へ。あるいは持ち前の健脚を奮って陸路で江戸からこの地にやってきて、伊八の作品と出会い驚いたに違いない。

伊八の彫った「波に宝珠」がある行元寺は、海岸線からは車で約30分。田んぼが広がる平野が終わり、谷津の端にこんもり広がる森の中にある。８４９年に建てられた古い寺で、江戸時代には徳川家の庇護を受けて10万石の処遇を得ていたという。

その本堂の右奥にある、江戸時代からそのままの姿で残る旧書院の客間の欄間に、「波に宝珠」は掛けられている。裏側から見ると、左から右にかけて大波が聳《そび》え、後にゴッホが弟への手紙で「見ろ！　鷹の爪のようだ！」と書いた北斎の絵と同じ波頭の崩れが鮮やかに彫られている。ふたつの波の真ん中には仏教の宝物とされる丸い宝珠が彫られている。それを富士山に代えれば、北斎の「神奈川沖浪裏」そのものの構図だ。

それ以前の北斎の描く「波」は、のっぺりとした波面で波頭も丸みがかっていた。だが伊八が「波に宝珠」を完成させた時代以降の北斎の波は、鋭いしぶきが印象的な作品となる。現在のカメラでも、５０００分の1のシャッター速度でないと捉えられないと言われるリアルな波頭を描いた北斎。そのルーツは伊八にあると信じさせるには十分な彫り物だ。

知られざる宝を掘り起こすのが「観光」

このツアーの考案者で、ツーリズムいすみのＣＭＯ（マーケティング担当）とＣＦＯ（財務担当）を兼ねる山内絢人（34歳）は、この企画の意図をこう語る。

「これまで伊八のことは、地元の古老や関係者以外はいすみ市民にも余り知られていませんでした。学術的にも二人が出会ったエビデンス（証拠資料）がない。だから強くアピールできない面もあった。でも海外での北斎の絶大な人気を見ると、日本の宝であることは間違いありません。その代表作の『グレートウェーブ』（海外では「神奈川沖浪裏」はこう呼ばれている）のルーツがここにあるわけですから、いすみ市の観光の目玉にしない手はない。この作品もまた日本の宝です。とはいえ大勢の人が観光バスでやってくるようなコンテンツではありません。むしろプライベートでオリジナルな旅を楽しんでいただきたい。そこで２０２１年から私たちが正式運行させた『いすみん号』と組み合わせて、このツアーをつくったのです」

学術的にはまだ研究の余地があることは認めながらも、地域に眠る「鉱脈」を掘っていきたい。そのためには伊八の存在を北斎にからめて広めたいという「確信犯」の風情だ。

実は山内には、後述するように、20代の時に「地域に眠る歴史や文化」の想像以上の価値を確信した経験があった。だからこそ、いすみ市で伊八の歴史的価値を発掘してさらに高めようとしている。なぜならそれをしないとこの町に未来はないから。いや、山内の中では、「これをやらなければこの国に未来はない」という使命感があるからだ。

それだけのキャリアと能力を山内は持っている。その視線の先には、いすみ市をモデルケースにしてこの国が再生に向かって進むイメージがある。

移住者に人気でも人口減少は止まらない

実はいすみ市は、移住や二拠点生活希望者の聖地であることをご存じだろうか？　彼らが愛読する雑誌「田舎暮らしの本」（宝島社）が選定する「住みたい田舎ベストランキング」では、６年連続１位（首都圏エリア）に輝く超人気エリア。特に２０２２年２月号で発表になった最新ランキングでは、「子育て世代が住みたいまち」「若者世代・単身者が住みたいまち」「シニア世代が住みたいまち」の３部門共に１位という快挙をなし遂げた。

電車でも車でも東京から１時間半前後のトカイナカエリア。目の前には大海原が広がり、海産物だけでなくお米も野菜も美味しい。適当な空き家や古民家を探すとなると難しい面もあるが、土地が余っているから購入もできる。建設業者や地主が新築の賃貸物件を建てるケースも多い。

けれどそんな「聖地」であっても人口減の現実は厳しい。大原町、岬町、夷隅町が合併した２００５年には4万人を超えていた人口が、毎年１％前後、10年で１割の速度で減り続け、17年後の今日では３万６３００人あまりになった。この取材中の２０２１年３月の市報に「人口増」が記されて一瞬町民は喜んだが、それも一過性のことで以降また減り続けている。

高齢化が進み、漁業や農業の後継者問題も深刻だ。放置されたままの空き家も多い。他の自治体と同様、空き家ではあってもなんらかの理由で賃貸や売却には出ないケースがほとんどだ。

そんなある意味「満身創痍」のいすみ市にあって、このツアーには、現在と未来の課題解決につながる要素がぎゅっとつまっている。その一つは、現在のいすみ市が「よそ者力」を十二分に活用していること。実は山内もまた、移住して2年目の新参者だ。それでも官民共同でつくられた「ツーリズムいすみ」の背骨となる重責を担い、次々と新しい企画を生み出している。

その存在と実力は「草野球にやってきたメジャーリーガー」と言う人もいる。はたして山内はどんなキャリアの人間なのだろうか？

2. 日本のお金の流れを知り尽くした男

コロナを移住のチャンスに

「山内さんはとんでもない能力の持ち主です。なにしろ東大法学部を出て財務省主計局という日本の行政の中枢にいた人ですから。この国のお金の流れを全て把握している。たとえば北斎×伊八ツアーで活躍している『自家用有償旅客運送システム』についても、国土交通省の意向をいち早く察知して私たちに紹介してくれたのが山内さんでした」

いすみ市役所水産商工観光課の荘司和則が言う。荘司こそが山内をこの地に誘った人物なのだが、山内の移住が実現してから改めてその実力に驚いているという。

「私が山内さんに出会った時、彼は財務省を辞めて文京区本郷に自分の会社の事務所を構えていました。その時からツーリズムいすみの前身の『いすみ市農泊・インバウンド推進協議会』の仕事を手伝ってもらっていました。でも当市としては、いちいち東京から来る人と仕事しても、お金の切れ目が縁の切れ目になってしまって遺産が残らない。だからダメもとで、いすみの人になってくださいとお願いしたのです」

すると——。よもやスムースに移住が進むとは思っていなかったというが、意外や意外、山内の返事は即決で「わかりました、やりましょう」。

折しもその頃２０２０年春は、コロナ禍が広がりリモートワークが一気に拡大し、「脱東京」のムーブメントが生まれていた。本郷のオフィスは当然家賃が高い、狭い、環境が悪い。対していすみ市は「時々東京に通う町」というキャッチフレーズがある通り、毎日都内に通うのは辛いが普段はリモートでたまに通うなら十分の距離だ。もちろん家賃も安いし環境もいい。ちょうど山内家では子どもが生まれたばかりだったこともあって、とんとん拍子に話は進んだ。

山内はいすみ市の空き家バンクで候補の家をチェック。荘司とともに4、5軒回って、最後に気に入った物件と出会って契約した。いまはその家の隣にある空き家も借りて、事務所（オフィススペースとスタッフの滞在用の部屋もある）にしている。

さあ、これで働く環境は整った。そこで山内が手がけたものは――。

自家用車が観光客と地元民のタクシーに？

現在ツーリズムいすみが事務所を置くのは、いすみ市の国吉地区、いすみ鉄道国吉駅前だ。市の中心はＪＲといすみ鉄道の大原駅があるエリアなのだが、あえて山間部に車で約

20分入ったこの地に事務所を持ってきた。その理由は「地元のタクシーが廃業して地域の人たちが困っていたから」だという。

長い間観光客と地元民の足だったタクシー会社が国吉駅前の営業所を畳んでしまった。利用客激減で採算が合わないのだ。やむなく市は、大原駅周辺を拠点にする別のタクシー会社に「国吉地区に営業所を」と頼んだが、これも返事はノー。やはり、採算が合わないからだという。となると、観光客だけでなく日常生活でも買い物や通院などで交通難民が出てしまう。

この事態を見て、ツーリズムいすみに籍を置いた山内は、さっそく国交省とかけあい、前述した「自家用有償旅客運送」というシステムを導入した。山内はこう振り返る。

「このシステムは２０２０年秋の法改正で制度の利用促進が図られているものです。国交省としてもぜひ進めてほしい案件で、私は法改正の直後からこのシステムは面白いと思って目をつけていました。導入は関東初です。幸いいすみ市は協力的だし、地元のタクシー会社も同意してくれた。日本にはまだ本当の意味での官民連携の事例がほとんどないので、私たちは現場サイドから実証実験を繰り返して改革案も提案しながら、このシステムを使い勝手のいいものに作り込んでいこうと思っています」

やがて２０２１年４月、市内国吉エリアの人々に、「ツーリズムいすみ」の名前でこんなチラシが配られた。

「旧夷隅町エリア対象、有料送迎サービス。ＬＩＮＥ、電話などで気軽に予約。どなたでも利用可能。観光のお客様や地域の皆様の移動のお手伝いをします。初乗り１・２７キロ３２０円。加算２７２メートルごとに60円。迎車料金１８０円。エリア外（大原エリア、岬エリア）にも運送可能」

さらにそのチラシには「運転手兼観光ガイド募集、地域を担う運転手になりませんか？」ともある。荘司が解説する。

「要するに公共交通機関がなくなった地域に特例的に許された制度です。白ナンバーの車を使って一種免許の運転手がタクシーと同様の運行をやっていい。料金は普通のタクシーより安い。でも社員雇用はできないから、町の人がボランティア精神で運転手を買って出てくれないと運営できないのです」

ツーリズムいすみが用意した自家用車で、運転は普通免許を持ち、この制度の講習をうけた地域の人がする。運転手は、お客様からの依頼がないときは自分の仕事をしていていい。予約が入ると運転手（あるいはガイド兼任）となり、指定の場所までお客様を運ぶ（ガイドする）。料金メーターは、山内が自社で開発した料金メーターアプリを使用する。

「いすみ市は広いので、伊八の作品が残る古刹や海岸線は10キロ圏内に点在しています。だから電車でこられたお客様にはこれは便利です。買い物や通院難民になった地域の高齢者にもご利用いただける。最初に２０２１年２月に無料で実証実験をして、その後４月から本格稼働しました」

　このシステムのメリットは、いすみ市としての負担すべきコストが僅かであることと、ツーリズムいすみと地域の人との共助の仕組みで運営されることだ。これなら車が走っているとき以外は人件費がかからない。財政的に疲弊する自治体でも持続可能なシステムだ。ただし運転手を買って出る地域の人さえいれば、の話だが。荘司が言う。

「運転手には料金の７割程度はお支払いするとはいえ、地域の人に真剣にやってもらわないとこのサービスは維持できません。いまのところ運転手は地元の若手農家さん、ツーリズムいすみのスタッフになってくれた宇佐見さん、そして山内さんの３人です」

　山内が運転手をやるのも驚きだ。荘司は、「けっしてホワイトカラー然としないで現場に出て行くのが山内のいいところ」だと言う。山内はその点をこう語る。

「各地で人口が減少しタクシー事業者も疲弊して激減する中で、白ナンバーを使うこのサービスは今後の地域インフラの決め手です。国交省も全国に普及させたいと思っている。ポイントは自治体の負担なく料金収入だけで持続的に運営できるか否か。私はこの制度の立法趣旨も理解していますから、使い勝手がよりよくなるように制度の範囲内でしっかりとシステムを作り込んでいこうと思っています」

この力強い発言の根拠はどこにあるのか？　山内は財務官僚時代に何をやっていたのか？　ここまでの山内の歩みを振り返ってもらおう。

イギリスで学んだ日本の魅力

「私が今の仕事につながる意味で一番ショックを受けたのは、イギリス留学時代に『ジャパン・トレック』という日本ツアーを企画したときのことでした」

山内が振り返る。

２０１６年に財務省から派遣されたイギリス留学。山内は最初の年はロンドンのビジネススクールで金融を学び、翌年はケンブリッジ大学で企業法務を学んだ。その中でも特に印象深かったのは学業ではない。ロンドンのビジネススクール時代に自分たちで、級友たちを日本に送り込むツアーを企画したことだった。

普通なら日本への旅といえば、東京、京都、富士山が訪問地の定番だ。けれど山内は、あえて故郷の長野県飯田市へのホームステイの旅を計画した。そんな旅を企画してくれるツアー会社は当時はなかったから、自ら市役所に連絡をとり、農家と交渉をし、旅のスケジュールと見学や体験のプログラムを全て考えた。

その時、山内の目には高校卒業時の18歳までに知っていた故郷とは違う飯田の姿が見えてきた。例えば古民家、養蚕農家、田畑、森、古くから伝わる文化、日常の食文化、衣食住の伝統、何よりもふるさとに生きる人々の姿等々。以前は「当たり前」と思っていたものが、海を渡った異文化の視点から見たせいかひどく「貴重なもの」に思えた。それら「ディープな日本」をビジネススクールの仲間に紹介すると、彼らもまたとても喜び、旅全体がとてもエキサイティングなものになった。

これだ!!　山内の中で何かが変わったのは、この経験からだという。

「この旅では飯田の高校生に英語でガイドをしてもらいました。人と人との交流を前面に押し出した企画です。観光地を巡るよりも、そのことで旅にとても大きな付加価値がついた。日本の文化も伝統も素晴らしい。日本人は京都や奈良にしか見るべき文化はないと思っているけれど、日常の中にもそれは息づいている。まだ掘り起こしていない日本の価値はここにたくさんある。これを事業にできないか？　それを常に考えるようになりました」

さらにいえば全ての企画を自分自身で立案し、自分の責任で遂行し、失敗しても全て自分の責任となる仕事に、それまでの霞が関の仕事では味わえない醍醐味を感じたという。

そのことが山内の人生の「分水嶺」になった。以降官僚を辞めて独立を考えるようになる。

日本全体を俯瞰する仕事

留学以前の山内は、財務省主計局法規課に在籍する、統括ラインの係長だった。予算立案に対して法律面からアプローチする部署で、財政関連の法案の動きを全省庁対象に管理・指導する。その仕事の現場の責任者であり、「その部屋全体の仕事を全部把握する必要がある」ポジションだった。

その仕事のハイライトは２０１６年。約2年がかりで手がけた、赤字国債を発行するための「特例公債法」の改正だった。それ以前の自民党政権時代は1年ごとに作られていたが、山内たちはそれを5年ごとに改正した。

ちなみに霞が関のキャリア官僚にとって、法律をつくることは特別な仕事だ。その省庁で一生勤めあげたとしても、普通は何回も経験するものではない。人によったら一度も経験しないで退職となるケースもある。

　その法律改正のために、山内たちは過去に遡って特別公債に関する資料を全て読み込んだ。先輩たちが手書きしたメモまで含めて、膨大な資料と格闘する日々。その上で資料となるデータをつくり、ドラフトを書き、他の省庁や国会議員、大臣とのネゴシエーションをし、財務省内での調整もする。

　その間は信じられないほどの仕事量を課内の数人で担当していたから、当然家には帰れない。連日泊まり込みが続く。霞が関が日本最大のブラック企業と呼ばれる所以だ。

　それでも山内は「楽しかった」。自分たちの仕事の先で何十兆円もの国家予算が動く。赤字国債が発行できなかったら、予算の根拠となる国債が発行できないから予算が執行できない。つまり日本国という船が沈んでしまう。その鍵を握っているのは自分たちなのだ。

　その自覚と使命感が体内のアドレナリンを増大させる。その結果、山内に見えてきたのは――。

「政府が財政政策をどう決めていくのか、国家として法律がどうやって決まるのか。マクロ的にこの国の仕組みを理解できるきっかけになったと言ってもいいと思います」

これが言い切れるのは、霞が関の官僚の中でも希有な経験をした人に限られる。この国を鷲摑みにする感触をダイレクトに味わった、山内はまさに「寵児」なのだ。

けれど山内は、その後派遣されたイギリスでの2年間の留学を終えて帰国すると、あっさりと財務省に辞表を出す。それはなぜなのか。こう語る。

「その法律を通したあとに、予算と財政法に関する基本書の改訂版の草稿を担当しました。全省庁の役人が予算獲得の時に主計局に説明をするのですが、その時に必ず読まないといけない本です。私たちの部署の4人くらいで取り組みました。その本の上梓は私にとって、現代日本のパブリック・ファイナンス（公的部門の財政運営）の原理原則とその背景にある考え方を俯瞰して理解するのに非常に役立ちました。こうした経験も踏まえ、財務省ではパブリック・ファイナンスの専門性を身につけたからこそ、イギリスではコーポレート・ファイナンスとしての金融・企業法務のコースを選択。官民両方のファイナンスについて習得したいと考えました」

その経歴と、イギリス時代の「ジャパン・トレック」での経験を経て山内が向かったのは——、

「自分ができることを直接的にやりたいので現場に出たいと思いました。国は地方の現場

をわかっていない。地方は国の意思をわかっていない。その両方の視点を持つ人間が必要です。私はそれになろうと思った。その上で、イギリスで閃いた『日本の価値の発掘』に自分自身の企画で取り組みたいと思いました」

だからこそ、山内はいすみ市に移住を決めた。そして国内では余り知られていないが「世界の北斎」のルーツとなる「伊八」を広めるツアーの企画もした。人口減少経済疲弊下での「自家用有償旅客運送システム」の導入も進める。さらにその運転手に自らボランティアで志願。その実証実験データを国交省と共有し、より使い勝手のいいものに練り上げる。

全ては「この国を再生させるため」。一本の道からなっている。

もちろん山内には、自分の会社で手がける企業や行政へのコンサルティング業務や、いすみ市でのその他の膨大な仕事もある。それらも全てこの道に連なっている。

そしてその道には、実は更なるルーツがある。そこにもまた、今日の山内の「原点」が息づいている。

上り列車のエリートを集める学生寮

「おそらく山内さんが影響を受けられたのは、『受けた恩に感謝するならばそれは社会に還元せよ』という当育英会の創始者、松尾《まつお》國三《くにぞう》の言葉だと思われます」

　東京都板橋区加賀の一角にある「公益財団法人松尾育英会」の学生寮。若き日の山内の足跡が残るその場所を訪ねると、応対してくれた寮監の米山多佳志はそう言った。

　その寮はＪＲ埼京線十条駅から徒歩で約６分。東京朝鮮中高級学校の裏手にひっそりと佇む鉄筋地上３階地下１階建ての、それほど大きくない建物だ。ここでさまざまな大学に通う４学年二十数名の若者が生活している。その選考方法は、「年収６００万円以下の家庭の子どもを対象とする」という経済的条件以外は、極めて特殊だ。

　まず募集があるのは全国43道府県の主要な公立高校（私立校でも奨学金受給者の応募が認められる場合もある）の男子のみ。現役、もしくは１浪生及び高卒認定試験合格者に限られる。43道府県は１都３県以外。東京、埼玉、千葉、神奈川の学生は「都内の大学に家から通える」という理由で募集対象とならない。学力は全国模試で上位10％未満。その上で採用の流れは、大学入学前年の秋までに志望大学名（複数可）を書いて願書を提出。選考委員会による一次選考と二次選考での小論文を経て、採用内定者に。さらに面接ののち、志望校に合格した者が毎年6～10人合格となる。

合格者には入学金および授業料全額と通学定期代が支給され、3食分の食事と居室料、水道光熱費が不要な学生寮が用意される。返済義務はなし。まさに天国のようなエリート養成機関であり、「地方から東京へ」、と絵に描いたような「上り列車に乗った国づくり」の人材育成機関だ。

もちろん待遇は天国だが、その代わり寮の規則は「地獄」、とまではいかないが「厳格」だ。

学期中、朝は6時20分に起床。休日でも7時20分。その後10分間寮生全員が手分けして館内全てを掃除する。その後一斉に朝食。その後は各自大学に登校して（あるいはオンラインで）授業を受ける。昼食代として一日４００円が支給される。

帰寮後は18時から食事、19時15分から入浴が可能で、消灯は23時。

中でも一番厳しいのは門限だ。22時には寮の玄関が閉まる。遠方の大学に通う学生は部活動やサークル活動への参加は難しい。もちろん申請を出せばそれ以降の帰寮も認められるが、その理由は大学の授業に関わることか親の上京時の面会等に限られる。申請なく遅刻すると扉は閉められてしまう。もちろん留年も認められず、この場合は即退寮だ。

それ以外に寮の行事として春の卒入寮式と秋の1泊旅行、成人式がある。季節ごとに寮生主催の焼き肉会やすき焼き会なども行われる。これらも全額育英会負担。その代わり全員参加が原則だ。

ちなみにこの寮に泊り込んで寮生をケアする寮監の米山は、防衛大学校出身、55歳まで陸上自衛隊に勤務したバリバリの「兵士」だった。こう語る。

「最近はこんな厳しい規則は可哀相だという親がいて、合格しても辞退するケースもあります。また門限に遅刻しても反省して生活態度を改めれば退寮になることはありません。普通にがんばれば9割以上は卒寮していきます」

ということは、卒寮できない学生も稀にいるということだ。

「この寮のあり方は防衛大に似たところがありませんか？」と聞いてみた。すると、

「基本的には一緒だと思います。防衛大もリーダーを養成するところですし、この寮も国家のリーダー育成の場。私が規則を押しつけるのではなくて、3年生が委員長期といって6つの委員会の長となって寮を自主的に管理運営していきます」

つまり自衛隊員のように軍事力で国を守る代わりに、ここで養成される「エリート戦士」は「知恵・知力」で国を守る。卒業生はみな官僚になったり学者になったり超有名企

業に入っていく。山内のようなキャリア官僚を始め、ＪＲ各社や大手銀行の幹部など、名前を出せば多くの人が頷く人物も卒寮生には含まれている。

この寮で若き日の山内は「修行」（のようにも思える）生活を続けた。そこで感銘を受けたのは、冒頭に掲げた創立者・松尾國三の「恩を社会に」という言葉だった。

生涯文字を書けなかった

１８９９（明治32）年、佐賀県伊万里に生まれた國三は、旅役者から身を起こして歌舞伎役者、実業家、芸能プロモーターとなる。１９３４（昭和９）年から「新宿歌舞伎座」（現在の四谷四丁目にあった）を経営した。後年は日本ドリーム観光株式会社をつくり、奈良ドリームランド、横浜ドリームランドなどを建設。57年に財団法人（当時）松尾育英会をつくり、今日に至るまで奨学金を出し続けている。84年没。

つまり今年（２０２２年）の入寮生は66期生となる。

少年時代、父親を10歳でなくした國三は、駄菓子の行商をして糊口をしのぐ母親の姿が忍びなく、小学校半ばで旅芸人の一座に入る。そこから「艱難辛苦に耐え、ようやくにして今日の地位を築き得た」（同会ＨＰより）。だがどんなに富を得ても、少年時代に教育を受けなかったことから生涯文字が書けなかったという。

だからこそ、「国家興隆の源は、次代を背負う青少年の双肩にあり、若い世代の教育こそ、社会国家にとっても重大な問題」（同）と語り、当時、大卒初任給1万３０００円の時代に1億円を積んでこの育英会をつくった。

時は１９５７年、戦後復興を経て高度成長の黎明期。労働省（当時）の指導による「集団就職列車」が走り出す（63年）前夜だ。その時代に國三はもう一本の線路を引いて、全国各地のエリートたちを東京へ東京へと運び込んだ。

寮生たちは皆上京して都会の人となり、卒寮後は各界のエースとしてこの国を背負ってきた。山内もまたその一人だった。イギリスに渡るまでは。

山内は、イギリスで日本のもう一つの鉱脈と出会った。それを発掘することがこの国の再生に繋がると自覚する。またイギリス人が持っている「カントリージェントルマンの思想にも共鳴して」、帰国後、「下り列車」の乗客となる。

松尾育英会の卒寮生は約65年間で約３００人。地方の家業を継いだり病気になる等の事情を除いて、自ら下り列車の乗客となったケースはごく稀だ。

つまり山内の存在は、時代の「分水嶺」でもある。それは「恩を返すべき社会」が変容したことを示している。上り列車に乗った国づくりから、下り列車に乗った未来づくりへと――。

いすみ市は、その貴重な人材を幸運にも受け入れた。そしてその「よそ者力」を活用して、新たな活路を見出そうとしている。

けれどよく観察してみると、いすみ市における「よそ者力の活用」は山内だけではない。それ以前からこの町には幾多のよそ者がやってきて、新しい風を吹かせていた。

たとえばそれは、こんな風だった。

3. 地域を変える「よそ者」の歴史

赴任3日で結果を出した男

「そりゃ、あの時は驚きましたよ」

丸くふくよかな顔を紅潮させながら、２０１５年春の出来事を語ってくれたのは、いすみ市の重鎮でツーリズムいすみ会長、商工会長（当時）、朝市運営委員長等、約20の市民団体の長を務めている出口幸弘（63歳）だった。

「その年の4月5日の朝市というのは、月1回開催だったのが月2回の開催になった初日だったんです。そこに総務省から出向して市役所の参事に着任した早川卓也さん（平成12年自治省入省、のち副市長となる）がご挨拶に現れた。私は初対面でしたが、そこで『朝市は毎週開催にしないと意味がない』ということを力説しました」

２０１３年から始まったいすみ市大原漁港での朝市。前述したように町が縮小していく中、中心商店街の再生や町のにぎわい創出が大きな課題だった。そこで市や商工会が港での朝市を企画して運営委員会を結成し、四季折々、上質な農水産物を集めて市をはじめた。コロナ禍の前までは会場内にバーベキューコーナーを設置し、太平洋を眺めながら焼きたての海鮮料理を頬張るスタイルが大人気となる。毎回市外からの客が約7割を占め、経済的効果もさることながら、町の賑わいとしても効果は抜群だったのだ。

出口が続ける。

「統計的に見ても、町の観光客（入り込み人口）は朝市開始から3年間で29万人から44万人に、約50％増えました。市民の課税所得も４１８億円から４２４億円になったというデータもあった。一人あたりの所得もあがって２６４万円に。朝市への出店数も平均で30店舗。多いときは45店舗くらいある。一店舗平均で一回８万円の売り上げがあれば、年間で総計1億円の売り上げになる。夏の伊勢海老の時期には、伊勢海老問屋は数時間で100万円を超える売り上げを記録しました。伊勢海老につられて他の魚価もあがる。この勢いを使って毎週開催にして、動員10万人で売り上げ10億円、この町の地方創生の切り札にしたいと早川さんに熱弁を振るったんです」

もちろんそれまでにも、出口たちは毎週開催を実現するために市や県の担当者を何度も訪ねて陳情した。朝市効果に関して熱弁を振るう出口に対して、太田洋市長もまた「いいね、いいね」と相好を崩した。けれど事態は前に進まない。県の農林水産部にいっても同様だ。出口たちは神奈川県三崎市や青森県八戸市の朝市も視察して、その運営方法やブランディングの勉強も重ねていた。

それでも事態はぴくりとも動かない。業を煮やしていた時に現れたのが早川だったのだ。出口は「またか」と思いながらも、いつもと同じ熱弁を振るった。

すると、その3日後――、

「出口さん。朝市の毎週開催ができることになりましたよ」

早川は出口が経営する酒屋にふらりとやってきて、何事もないかのようにそう言った。

驚いたのは出口だ。

――あれほど役所に行ってダメだったものが、一人の役人の力でたった3日でできるのか？

その記憶があるからこそ、出口はいま、「いすみ市の町おこしの動きの原点は早川さんにある」と語る。2年間は参事として、その後、約2年間は副市長を務め、現在は総務省に戻った一人の官僚のことを、遠くを見るような目つきで懐かしがるのだ。

では早川からみると、いすみ市はどう記憶されているのか。総務省を訪ねると、「地域支援専門官」の名刺を差し出した早川は、こう語った。

地方創生人材支援制度

「私は行政の人間ですから、ゼロをイチにするのは難しいのですが、イチをニにするのはそれほど難しいことではないんです」

総務省の「地域力創造グループ」と書かれた部屋の狭い机で向かい合った早川は、そう言って爽やかな笑顔をみせた。

「あの漁港の朝市開催スペースは県管理の港湾施設です。県庁に行って、月に2回ができるなら4回にするのも難しくはないよねと話した記憶があります」

たいしたことはしていませんという口調で早川は言う。とはいえ、それまで出口たちが役所に何回足を運んでも実現できなかった「毎週開催」をあっと言う間に可能にしたのだ。そこには霞が関の官僚が持つ「何か」が働いたのだと理解するしかない。

早川がいすみ市に赴任した２０１５年、内閣府の地方創生担当特命大臣は石破茂だった。石破は「アベノミクス（第２次安倍政権が進めた経済政策）の先にある処方箋」として、「地方からの革命」を提唱して地方創生戦略を進めた。

アベノミクスとは、「大胆な金融緩和」と「機動的な財政出動」をメインとする「デフレ脱却政策」だった。その結果「実質ＧＤＰの成長」「株価の好転」など、一時的な効果は得られた。けれどもそれは時間稼ぎであって、「いつまでも日銀が株を買い続けることなどできるはずがない」と、石破は冷静に見抜いていた。（これは２０１７年４月に出された石破の『日本列島創生論』〈新潮新書〉を元にした記述であり、その後22年になっても同様の金融緩和政策がとられ続けていることに私は戦慄を覚える――）

その上で「この国を再生させるのは地方から」として、石破は「地方創生人材支援制度」を創設した。「人材を必要としているのは、人口５万人以下の小さな自治体ではないだろうか」（同書）と考えて、中央官庁の20～40代の官僚を対象に希望者を募集。のみならず大学の研究者や民間シンクタンク、ＮＰＯの人材なども含めて約５００人の人材をプールし、２０１５年の春から、各自治体の希望とマッチする人材を地方に派遣した。

その時のポイントは、「中央に顔の利く人＝予算を持ってこられる人」ではなく、「自治体の具体的な課題の解決を助ける人」を派遣したことだ。15年の春から、１期生として霞が関からだけで約40人、大学、民間からを合わせて全体で約70人が各自治体に派遣された。ここに選ばれた早川は、「朝市といういすみ市の課題解決」のために、赴任当日から奮闘してわずか３日で結果を出したことになる。まさに石破政策の最初の成果を出したのだ(ちなみにこの制度はいまも続いているが、霞が関から派遣される人数は激減し、令和２年度は20人、全体で57人にとどまっている)。

さらに朝市の課題を解決後、早川は約３週間かけて自分が考えるいすみ市創生の計画書を市長に提出した。いすみ市への異動の辞令が出たのは赴任の３週間前。その時から早川は週末になるといすみ市に通い、現場の実情を(勝手に)視察しながら再生のイメージを膨らませていた。だからトータル１カ月半かけて、地域の課題を吸収しながら課題解決策をつくったことになる。パワーポイント約１００枚に記されたその計画書には——、

①伊勢海老やタコをはじめとする海産物や農作物があるのだから「食の街」としてブランディングしたい。
②成田空港にも羽田空港にもアクセスがいいのだから、日本の自然のよさを知ってもらうためにインバウンド対応をしたい。
③東京から通勤圏内にあることをＰＲするため特急券の補助制度を設け、情報発信したい。
④テレビや映画の撮影隊を呼んで、いすみ市を舞台に物語をつくってもらうフィルムコミッションを創設したい。

等々、その計画は様々な分野に及んでいた。それはいすみ市の役場職員や地元の人間には想像もつかないような、「よそ者」の視点で見た「いすみ市の魅力の羅列」だった。さらにそこに、外部の人脈とのネットワークも加味されていく。

早川はまた「何事もない」という素振りで、これらの施策実現のために邁進していく。その頃から市役所の電気が深夜まで「不夜城」のように灯り始めたことを、出口はみていた。

「やはり役人が本気になると違う」

そう思ってその灯が頼もしく見えた、と述懐している。

早川さんと出会ったから——

早川の出現は、新しい政策を生み出しただけではない。至る所で「化学反応」が起きた。当時いすみ市役所農林課にいて「人が変わったように働きだした」前出の荘司もまた、その一人だった。こう振り返る。

「私は東京の大学生活が長くて20代半ばまでふらふらしていました。とうとう親に呼び戻されて役所を受けさせられた。入ってからも30代半ばまでは早く仕事を終えて遊びに行くことばかり考えていたし、地元のためとか町おこしとか考えたこともありませんでした」

荘司は、およそいまの働きぶりからは考えられないようなことを語りだした。荘司への最初の取材はたまたま日曜日だった。それでもいやな顔一つせずにツーリズムいすみの事務所にやってきて、長時間のインタビューに答えてくれた。それ以降も私の「北斎×伊八」の取材の時も必ずアテンドしてくれたし、２０２１年秋に静岡県富士市で開催された「北斎サミット」にも足を運んでくれた。22年3月に埼玉県ときがわ町で開催された地方創生をテーマとする「石破茂講演会」（終章参照）に来てくれた時は、交通費は自腹だった。

いまではツーリズムいすみの山内らの活動を役所の立場でサポートし、それ以外の町おこしの行政的なアクションは全て引き受けている。

「そうなったのは早川さんと出会ったからです。早川さんが考える『いすみ市の魅力の発掘』が面白かったし、私の意見もどんどん取り入れてくれた。『自由にやっていい』といつも言ってくれたんです。それまでの役場の雰囲気は『やらないことが一番利口』という後ろ向きの暗～いものだったから、『役所でもこんなことやっていいんだ』と、そこから目覚めて仕事が面白くなっちゃったんです」

覚醒した荘司と早川は名コンビとなり、様々な取り組みを展開する。

早川は、グルメサイト「ぐるなび」関係者を通して、東京お台場で行われる若手料理人のコンペティション「RED U-35」の表彰式のことを知る。「それはチャンス」とばかり、市長と共に大原漁港の食材を持ってそこに駆けつけ、第1回大会優勝者のフレンチシェフ、新橋「ラフィネス」の杉本敬三と接触。持参した伊勢海老を見せると、杉本はそのお尻の部分の匂いを嗅いで「これはいい、僕の店に10匹送ってください」と即決した。以降、伊勢海老はもちろんのこと大原漁港にあがる「エイ」や、害獣と言われる「キョン」も店で使用してくれるようになった。やがて杉本はいすみ市の観光大使となり、さらに

「いすみ市×CLUB　RED」の取り組みも始まった。この取り組みでは日本を代表する中華やイタリアンのシェフ、新進気鋭の若手シェフらがいすみ市に集い、生産者と交流。時には市内で料理を振舞ったりもする。

あるいはテレビや映画の撮影を誘致して町をブランディングする「フィルムコミッション」の取り組みもはじめた。大原駅前にあった「源氏食堂」（その後閉店）が人気番組『孤独のグルメ』に取り上げられて人気になる。着任以来この店のトンカツやポークソテーのファンだった早川は、それを「いすみ豚」とブランド化して売り出した。

２０１７年８月には、後にカンヌ国際映画祭で最高賞を受賞することになる映画『万引き家族』の撮影が大原海水浴場で行われた。是枝裕和監督、出演はリリー・フランキー、安藤サクラ等。同作品は19年2月、「第91回米アカデミー賞」の「外国語映画賞」の最終候補作品となった。おしくも受賞を逃した日の新聞には、出口のコメントも紹介されている。

「国際的に評価された作品の舞台になり、世界にいすみ市の海が発信されたことは素晴らしい。これを機に、市に注目が集まれば」

同作品が落選したことを残念がるよりも、いすみ市の名前が世界に流れたことを喜んでいる。

あらゆる角度から、あらゆる手段で、あらゆる対策を講じて町をPRして人々の耳目を引き町を「ブランド化」する。早川がいすみ市に在籍した4年2カ月の間、荘司や出口たち市民はそのことを徹底的に学んだ。

だからこそ山内の誘致に繋がり、今日のツーリズムいすみ等の取り組みが生まれてきたのだ。

早川が町を去り総務省に戻る日、２０１９年6月27日。出口たち商工会メンバーはせめてもの思いを込めて「お別れ会」を開き、感謝状を贈呈した。そして今後地方創生の取り組みで目ざましい業績を残した個人・団体に、「早川賞」を贈呈することも報告し、早川の名をいすみ市に残すことを約束した。

その賞だけではない。いまも早川のいすみ市を思う「熱い心」はこの町に生きている。その一つが、ツーリズムいすみのメンバーの一人、藤田好一の存在だ。

70歳の地域おこし協力隊員

「私はコロナがやってくる前に市長に言ったんです。これからはこの町を活性化するのは外国人です、と。しかも彼らを引きつける商品は『市民』。人間と人間を出会わせて関係をつくらせるとリピート客がくる。それで町を活性化させましょうと訴えました」

いすみ鉄道の国吉駅前にあるツーリズムいすみの事務所で、そう語りだしたのはスタッフの藤田好一だった。当年72歳だが、全身から気力がみなぎり若々しい。２年前まではこの町の「地域おこし協力隊員」だったという。ずいぶん年かさの隊員を採用したものだが、そこには藤田が持つスペシャリストとしての理由があった。

その能力は「異文化交流力」だ。

１９８０年代半ば、ミサワホームの社員時代に、藤田は社長命令でチームを組み、アメリカの大学を日本に誘致したことがあった。ミネソタ州立大学を秋田に、南イリノイ大学を新潟に。当時問題視された日米貿易摩擦解消の一環だった。

その時藤田は、異文化交流の「熱さ」と町おこしの「面白さ」を痛感したのだ。

「アメリカから先生方が約１００人と全国から若者が約４５０人、秋田県の雄和町と新潟県の中条町にやってきたんです。そしたら町は活気づきます。タクシー会社でもラーメン屋でも英語の特訓が始まった。居酒屋でも若者と高齢者の交流が生まれる。新聞やテレビからもずいぶん取材されました。大成功でしたね」

藤田は英語がそれほど得意ではない。それでも片言の英語とボディランゲージでなんとかコミュニケートできる。意思が通じた時の嬉しさ。相手とわかりあえた時の喜び。町が活気づく醍醐味。そんなものを原体験に、前職である千葉県内のリゾートホテルの役員を退職したときに、人の紹介でいすみ市と出会った。

その目にいすみ市は、「チャンスの町」と映った。けれど「官民一体となった観光事業を本気でやっていない」。だから千葉県への置き土産のつもりで、いすみ市を観光で盛り上げるための「企画書」を書いて市長に会った。2015年のことだ。すると――。

「藤田さん、本当にいすみ市に外国人がやってきますかね？　何を根拠にそう仰るのですか？」

藤田の企画書を見て、市長の太田はそう言った。藤田は自信タップリに答えた。

「そんなの簡単です。絶対に来ます。外国人が目指すのは海でもお寺でもない。いすみの市民だからです」

その言葉通り、その後地域おこし協力隊員となりいすみ市の住民となった藤田の活躍は目ざましい。

まず市内の公民館で活動する「和系」の市民サークルを訪ねてネットワーク化した。和太鼓、日本舞踊、お茶、将棋、囲碁等々。そして彼らにはこう言った。

「外国人をみなさんのサークルに紹介します。彼ら彼女らと自由に交流してください。英語は心配いりません。片言で十分。コミュニケーションしようという気持ちさえあれば。いざとなったらスマホの翻訳アプリもあります。むしろ片言の方が意思が通じたときの感動は大きいですよ」

その上で藤田は、海外からの教育旅行を積極的に誘致した。折しも千葉県が海外からの卒業旅行や研修旅行の誘致をはじめたところだった。そこで「ホームステイ」を提案されると、藤田は役場職員をはじめとして約50世帯の受け入れ家庭を組織化。すぐに台湾、マレーシア、フィリピン等から若者がやってきた。

「するとね」、藤田は愉快そうに続ける。

「たった1泊なのに翌朝別れるときはみんな涙涙なんです。小さい子なんか、お兄ちゃんお姉ちゃんの手を離さない。中には台湾から受け入れた子を訪ねて台湾旅行した人もいた。その時は私も自腹でついていきましたけれどね。もう一度ホストファミリーに会いたいって日本を再訪した子もいる。そうやって人間関係ができると人はリピーターになる。するとプロモーション費は5分の1でインバウンドを呼べる。コロナ前まで、この動きはどんどん大きくなっていました」

もちろん藤田は、ただ引き合わせただけではない。太巻き寿司体験、祭体験、そば打ち体験等を用意して、外国人を和系のサークルにもどんどんつれていく。

その結果、2017年5月に始まったインバウンド活動は、3年間で海外からの教育旅行12校469名の実績を出した。この動きを受けていすみ市は、翌18年4月、農林水産省から農山漁村振興交付金を受けて漁協、農協、いすみ鉄道、商工会らと官民連携の「いすみ市農泊・インバウンド推進協議会」を結成。一次産業主体の観光プラットフォームをつくって、受け入れ体制を整えた。

そこでは国内の教育旅行の受け入れ活動も行った。まずは愛知県一宮市の中学3年生、3校約800人の修学旅行を受け入れた。その時も大原漁港にある約50艘の漁船の体験乗船を実施。同協会では「人が資源だ」という藤田のアイデアを拡大して、さまざまな企画を打ち出した。

いまはコロナで「観光事業」は頓挫しているが、インバウンドも国内教育旅行の受け入れも、いつでも再開できる状態で準備は整っている。

よそ者のアイデアの掛け合わせ

藤田が市長に語ったアイデアを聞き、地域おこし協力隊へと誘ったのは、２０１７年４月に副市長になっていた早川だった。早川もまたいすみ市の活性化のためにインバウンドの活用を考えていた。総務省時代、地域おこし協力隊を創設した地域自立応援課の一員だったこともあって、たとえ60代後半であったとしても、やる気とアイデアにあふれた藤田をそこで活用することに躊躇はなかった。

山内は荘司からこの協議会への協力を頼まれて、２０１９年からジョインしている。もとより藤田のアイデアは、山内がイギリスで経験した「日本の歴史文化を鉱脈にする活動」と極めて近い。山内にしてもこの取り組みは大賛成だった。その後この組織がツーリズムいすみにメタモルフォーゼした時、二人はその中心スタッフとなった。

こうしてよそ者同士がいすみ市で出会い、化学反応を起こし、いすみ市のために働き、そのことでいすみ市は活性化していく。見事な好循環だ。

広がる地域おこし協力隊

いすみ市は、藤田を地域おこし協力隊員に採用したころは、隊員を18名も採用していた。

それは当時の千葉県全体の隊員数の５割強にあたる。「よそ者力」も強かったわけだ。

全国的に見れば、２０２０（令和２）年の協力隊員数は５０００人を超えた。その定義は都市部から地方への「住民票の異動を伴う就業」であるから、その数だけ「下り列車の乗客」が増えたことになる。

彼らは３年間の任期を終えると、約６割がその地かそのエリアに移住・定住したというデータもある。一般財団法人地域活性化センターの調査によれば、定住者の仕事は「起業が29％」「就業が47％」「就農が14％」。起業内容をみると古民家カフェ、農家レストラン、パン屋、鮮魚の移動販売、山菜等の通信販売、ゲストハウス、農家民宿、まちづくり支援業、観光・移住交流業などがあがる。

つまり「よそ者」として地域を見てその魅力を発見し、ＰＲし、人を呼び寄せ楽しんでもらう事業がほとんどだ。

よそ者力が地域を活性化し再生させる。

その太い流れを、私はいすみ市に見た。

第6章　トカイナカを六次化する農業

――埼玉県小川町・ときがわ町一帯

1．有機農産物が常識化しているエリア

ローカルガストロノミーの巨頭対談

料理界と有機農業界にとってある意味で画期的な二人の男の出会いが、２０２１年11月14日、埼玉県のトカイナカエリアであった。

一人はフランス料理界において、農林水産省が定める「料理マスターズ」のゴールド賞に輝いた、栃木県宇都宮市にレストランを構えて40年になる音羽和紀シェフ（74歳）。１９７０年代末期にフランス、ドイツ、スイスでの修業から帰国以降、一貫して故郷の栃木でレストランを経営し、地元の食材で世界レベルの料理をつくり続けてきた。

対するのは埼玉県小川町にあって、有機農業を半世紀続けてきた霜里農場・金子美登《よしのり》（73歳）。米や野菜、麦、大豆等、全ての農産物を有機農業で生産するだけでなく、毎年６～８人の研修生を送り出し、小川町、ときがわ町、嵐山町《らんざんまち》を中心に、全国各地で有機農業を展開する約１５０人の弟子を育ててきた。

二人は、埼玉県ときがわ町に生まれた市民団体「ローカルガストロノミーの会」の招きで、音羽が金子の農場を訪ねる形で出会った。

「はじめまして。今日はよろしくお願いします」

「こちらこそ。私たちの取り組みをじっくり見ていってください」

二人はそう言って、がっちりと握手を交わした。

同会が二人を出会わせた理由は、他でもない。

金子の約半世紀の歴史からは多くの後継者が生まれ、いまでは小川町の農家の約19％が有機農業となり（全国平均は0・5％）、その有機米を使った酒造や有機大豆を使った豆腐メーカーや醤油メーカーが地場産業として育っている。

さらにその野菜を使って「有機給食」を40年以上も前から提供し続けているときがわ町の保育園には、毎年町で生まれる子どもの数を超える入園者がやってくる。

あるいは地元の主婦が地元の有機野菜を使って日替わりで調理を担当する小川町のレストランにも、連日多くの市民が詰めかけている。

つまり、小川町、ときがわ町一帯には農産物の有機栽培を続ける一次生産者と、その生産物を加工する二次生産者がいる。さらにそれを販売する三次小売業があり、それを購入することで安心安全な食事をとりつつ有機農業を支援する消費者がいる。見事に「地域内の六次産業化」が成立している。

この好循環を音羽シェフにぜひ見てもらいたい。なぜならシェフは、２０２２年５月に隣の深谷市にオープンした、キユーピー株式会社が運営する「深谷テラス　ヤサイな仲間たちファーム」のレストランの料理監修を務めているからだ。

このエリアから生まれる良質な食材をそのレストランで使ってほしい。全国のシェフのネットワークの中でも紹介してほしい。その出会いから、「地域の歴史風土や良質な料理文化」を意味する「ローカルガストロノミー」がこの地から日本中に広がってほしい。

そういう願いから、二人の邂逅が企画されたのだ。

化石エネルギーを全く使わない農場

「噂には聞いていましたが、小川町一帯がこんなにも素晴らしい農業食料環境だったとは。やはり訪ねてみないとわからないものですね」

金子の自宅周囲に広がる約１ヘクタールの農場をあちこち歩きながら、音羽がしみじみと言う。農場からはニワトリや牛の鳴き声が聞こえてくる。金子が降りてきたトラクターは、廃食用油を精製して燃料にしたエコ・トラクターだ。霜里農場と金子家では、自家用車も他の動力も全て廃食用油を利用している。電力は太陽光で、床暖房等は木材をボイラーで燃やす火力エネルギーだ。普段から化石エネルギーに頼っていたら災害時やオイルショックの時に食物を生産できなくなる。そのために日常から徹底して再生可能エネルギーが追求されている。

　農場にある納屋で、金子は自家採種用に乾燥させた「八丈オクラ」を手にとって音羽に差し出した。

「実が大きくなっても柔らかいですよ。有機農業では風土や地域性に合った種を自家で育成していくのが理想です」

　畑では、筋をとらずとも食べられる「秩父いんげん」を試食。ビニールハウス内では落ち葉の発酵熱で育苗する「踏み込み温床」に触れ、放牧場では牛に給餌しながらその身体を叩いたり。隣では、やはり野良着姿の金子の妻、友子が半畳を入れながら言う。

「この前私を角で弾いた牛がいたから怒って食べちゃったんです。餌が食べやすいようにしてやろうと思って柵に入ったら、いたずらするものだから」

　霜里農場では常に２、３頭の肉牛を育て、５、６年に１頭の割合で屠《ほふ》って食べる。食料になるだけでなく糞尿は肥料となり大地を豊かにする。循環型農場に欠かせないメンバーなのだ。

「可愛がって育てて美味しくいただく。これが人間と生命の基本の関係です」

と、金子は言う。その言葉に音羽は大きく頷いた。

金子のこの農場を源流とする、このエリア一帯の豊饒な農環境と食環境。それを築いた約半世紀に渡る金子の有機農業への長い取り組みと執念。そしてそれに並走したりサポートしたりする幾重にも重なる同志たち。この地には、確かに目に見えないユニークな（希有な）六次化ネットワークが広がっている。その片鱗を垣間見た音羽の脳裏には、新しいアイデアが様々に広がっているところだ。

底値の株に賭ける農夫

霜里農場を源流とする太い流れは、枝分かれして支流となって各地に花を咲かせている。

「私は２０００年までは銀行員でした」

例えばそう語る農夫が小川町にいる。

福島有造（53歳）。銀行員を辞めて都内の自宅マンション（当時）から通える小川町で就農するための実践研修を行なう農業研修制度に応募。有機農家の農場に1年通って無農薬での葡萄づくりへの挑戦を決意し、農場を手に入れてこの町に移住してきた。

その転身の理由は、いかにも金融マンらしい。

「株のディーラーをやっていたときに『負けない法則』を見つけて株が面白くなくなりました。もう金まみれの生活は嫌になって金融の世界から足を洗い、世の中の底値の株に賭けようと思ったんです。それが農業でした。でもただ賭けたのでは負けます。どんな農業なら負けないかと調べたら六次産業化。しかもアルコールだとわかって、葡萄栽培（一次）、ワイン醸造所『武蔵ワイナリー』（二次）、そして直売所（三次）をはじめました」

その農法は徹底している。農薬は一切使わず、ボルドー液（農水省が定める「有機農産物の日本農林規格〈別表２〉」に指定され、一般的には有機農法でも利用可能とされる殺菌液）さえ使わない。

「いまから農業を始めるなら、無農薬でないとダメだと思っていました。子どもも生まれていたし、安心安全な食べ物でなければ食べさせられませんから」

福島は葡萄の枝を途中で切る摘心もしない。脇芽は摘むけれど、メインの枝は伸びるだけ伸ばす。

「すると枝の長さだけ地中でも根が伸びます。その長い根が自ら必要な栄養素をとってくるから肥料も不要なんです」

さらに全ての葡萄棚の上にはビニールカバーがかけられ、雨が当たらないようになっている。

「日本は梅雨もあって降水量が多い。葡萄は雨にあたると虫がつくんです。それを防いでいます」

金子の霜里農場にわずかにある葡萄棚でも、同じように雨が当たらないようカバーをかけた栽培方法がとられている。福島は霜里農場で研修したことはないが、金子たち有機農法の第1世代が考案した栽培方法が、いまではこのエリアに広がる3世代、4世代目の農場に受け継がれてこの地のセオリーとなっている。

福島の農場では、葡萄の摘み取りも手作業だ。夏の終わりにボランティアを募り、一日かけて何箱分もの葡萄を摘み取る。私も一日体験したが、その夕方にワインが飲み放題という「ご褒美」があるとはいえ、なかなか辛い労働だった。さらにプラスチックのザルを使って圧搾するのも手作業だ。動力を使うといえば、市内に点在する農場から収穫した葡萄を運ぶときだけだ。

その葡萄も、100％自家栽培のものを使う。日本のワイナリーでは、これまた希有な醸造方法だ。普通は自前の葡萄だけでは足りないから、他の農場から仕入れたり、あるいはフランスから葡萄の原液を買ったりして醸造するのが一般的だ。

葡萄だけではない。福島は霜里農場のグループから小粒の大豆を買うこともある。ワインをつくる発酵技術を使って、味噌を仕込んでワイナリーで販売するためだ。

冬場の３カ月だけは、町内の酒蔵「武蔵鶴」で杜氏としても働く。最初は蔵人だったが、５年目に杜氏に昇格。いまではワイナリーは７年を経過して順調に出荷数を伸ばしているが、その売り上げはまずは経費や社員の人件費に充てられる。自分の収入は心もとない。

「杜氏をやる３カ月だけは貴重な現金収入が得られますから、それでほぼ１年間食いつないでいます」と、屈託なく笑う。

ここでも研究熱心な福島は、乳酸を添加しない製法で自前のブランド「饗之光《あえのひかり》」シリーズ（純米酒、純米大吟醸、槽汲み、袋吊り、活性にごり原酒）をつくり、自分のワイナリーで販売している。これまた美味い。

福島は常々言っている。

「完全無農薬の葡萄栽培に成功したのは、小川町の有機農法の歴史のお蔭です。ここでは周囲にたくさんの有機農家がいて、農薬を使わないことが当たり前。だから葡萄も無農薬で栽培できると信じることができました」

霜里農場を源流とする約半世紀の有機農法の歴史が、ここにも流れている。

畑でヨガ、古本市、藍染め、マルシェ

——私たちは次のことを目標に農業に取り組みます。一つは「今の地球を次の世代へ、美しいまま引き継ぎたい」 そのために、無農薬栽培、大地にやさしい肥料を使用 プラスチック製品をなるべく使わない

もう一つは「ワオッ」を感じてほしい 野菜は甘み、にがみ、すっぱさ、歯ごたえといった個性を持っています 私たちの個性的な野菜は、驚きと楽しさをお届けします

ホームページのトップにそう書く若手農家が、小川町に隣接するときがわ町にいる。

橋本拓と容子。「晴耕雨読」という屋号を持って、約4反の畑を耕して4年目になる。

サラリーマンだった拓と公務員だった容子。二人は食べることが大好きなのに、いつのまにか忙しさにかまけてエネルギーを摂っているだけの、精神的にさもしい生活になっていることに気付いた。農業をやりたい。そう思った二人はあちこちの脱サラ農家を訪ね歩き、神奈川県の藤沢市で有機農業と出会う。そこで1年間研修を受けて、ときがわ町に農

場を見つけてこの地に移住した。拓は言う。

「相模原で学んだ師匠も小川町の金子さんたちと繋がっている方でした。ときがわ町を移住地に選んだ理由も、周囲に有機農家がたくさんあるからです。色々相談できたり畑や作業現場を見学できたりするのがありがたい。だからぼくらは金子さんたちにとったら孫弟子か曾《ひ》孫《まご》弟子といっていいと思います」

二人は畑を単なる野菜の生産場所とは考えていない。外からやってくる人が様々な体験ができる「場」と捉えて、「畑でヨガ」、「畑で古本市」、「藍染め体験」なども企画する。栽培しているのは年間で約50種類。季節に応じた多品目の野菜を無理なく栽培することを心がけている。ニンジン、ジャガイモ、カブ、ダイコン、ネギなど日常的な品種をはじめとして、

「つくっていて楽しいのは全体が緑色をした『みどりの』と呼ばれるダイコンやカーボロネロ（黒キャベツ）、小さく丸形の『ビキーニョトウガラシ』などがお気に入りです」

と語る。

就農4年目で収穫量は徐々に増えた。けれどそれだけではまだ生計は立てられず、国の就農支援給付金にも頼っている。販路に農協は使わない。手間も技術もかかる有機野菜と

慣行農業の産物が同じ価格で扱われるからだ。

主な販路は自主開催のイベントや各地のマルシェへの出店だ。定期的に購入してくれる個人客からのオーダーも、徐々に増えている。

その出店の一つの柱が、毎週日曜日にときがわ町関堀で開かれる有機農産物の直売所「ときのこや」だ。２０１０年に始まり13年目。現在は町内外の若手有機農家19軒が集まり運営されている。彼らもまた、このエリアの有機農家の3世代、4世代目に当たる者たちだ。

様々に広がるネットワーク

「ときのこや」には、自らの来歴をこう語る若手農民たちが集まっている。

「ぼくは小川町の金子さんの隣の河村さんのところで研修を受けました。河村さんは金子さんの初期の弟子です。まだ研修が続いていて自分でも小さな農地を持って野菜をつくり始めたころに、ときがわ町の町おこしをやっていたお節介なおじさんたち（笑）が有機農家を盛り上げるために「直売所をやったらどうか」と言ってくれて始まったのが「ときのこや」でした。最初のころはぼくが出荷できるのは少量でしたが、この「ときのこや」と提携さん（後述する定期的な個人のお客）が徐々に増えていって、現在に至るという感じです。前職は環境団体で働いていました」

「私は２０１０年に金子さんのところで研修生となりました。前職は東京で映像関係の仕事をしていました。基本的に霜里農場の研修は1年間の住み込みです。私はその後長野県に移住しようと思っていましたが、その話がぽしゃってしまって結局小川町で就農しました。その後も週に1度くらいは霜里農場に行ってお世話になりました。「ときのこや」に誘われたときにはまだそんなに収穫ができていなくて、農業でやっていけるのか迷って模索していたころでした。でも週1で野菜を出し始めて仲間も増えて……今日に至るという感じです」

「私は２０１２年の12月にさいたま市で子どもを出産して、子育ては田舎がいいなぁと漠然と思っていました。夫の職場の同僚が小川町の有機農家出身で、彼女が先に仕事を辞めて有機農家になったので、連絡をとってちょくちょく小川町で農場の手伝いをしたりしていたのです。彼女は金子さんのところの研修生でした。その時、「有機農家の子どもはみんなときがわの『はなぞの保育園』に入れているんだよ、いい保育園だよ」と聞いて、うちの子もそこに入れたいと思って16年にときがわ町へ移住しました。私はいま農業研修生です。夫は建築関係の仕事をしていて都内に通っています。都内に通うには、ここはぎりぎりの距離なんです。私は指導農家さんのもとで働いて、「ときのこや」へは研修の一環としてトマトやナスを出しています」

足の裏で記憶された保育園

彼女の話に出た「はなぞの保育園」は、１９５３（昭和28）年、当時の都幾川村皎円寺の境内に「農繁期保育所」として誕生した。文字通り農繁期だけ子どもを預かる仮設保育所だったのだ。

創立者の柳瀬有禅は戦前、思想家の安岡正篤《やすおかまさひろ》が嵐山町（小川町の隣）につくった「農士学校」に教務主任として赴任。東洋思想の伝播に努めた。その後は高校教師に転じ、玉川村（当時）に玉川工業高校（現在は閉校）をつくる。

その後１９５３年に皎円寺に留守番として入り、境内に保育所を創立。１９５６（昭和31）年７月には常設はなぞの保育園となり、同年11月に保育園設立の認可を得た。

以降今日まで約70年、２代目園長は妻の好子が、３代目は次女が、現在は４代目として末っ子の寛洲が継いでいる。

当時の都幾川村、現在のときがわ町にあって、ここは常に幼児教育のメッカだ。入園する子どもの数は、ときがわ町内での出生数より常に多い。現在は園児の約半数が町外からやってくる。

その人気の理由の一つは、40年以上続く有機米や有機野菜をふんだんに使った有機給食にある。もちろんこの地に広がる有機農家のネットワークがあってこそのことだ。

園児と先生方約２００人の給食をつくるために、ここでは連日５、６名の調理師が腕を振るう。使う器は陶器か木の椀。プラスチックなど使わない。

園児たちは園内ではいつも裸足。外でも「ミサトっ子ぞうり」という名の草で編まれた素朴な草履を真冬でも素足で履いている。

現在は２０１９（令和元）年に新築された新しい園舎となったが、前の園舎と同様床には無垢の木が使われている。大小の屋根が幾重にも並ぶ園舎の中心を貫くのは、優に１００メートルはある長い廊下だ。その左右には11の教室があり（現在は保育園とこども園を併設）、大ホール、小ホール、子育て支援センター、相談室、給食室、職員室が備えられている。卒園児たちは久しぶりに園舎にやってきてこの廊下を歩くと、「足の裏で当時を思い出す」と言う。

各教室の中心にある大黒柱は、子どもが木登りできる太さに設計されている。高い天井のお蚕部屋と同様の高さに切られた天窓は開閉式。熱せられた空気が逃げていくから夏でもクーラーは無用だ。

トイレの窓は壁の下の方に広く切られている。子どもたちにも外の景色を見てほしいからだ。

帰宅時間になると、小さな門の前はお母さんたちの車でちょっとしたラッシュアワー状態になる。寛洲が言う。

「この園のお母さんは皆元気です。保護者の発案で子育て講演会が企画されたり、お母さん同士が集まって川べりの野外公園で『ぽんさーと』と名付けたコンサートが企画されたり。あれは5、6年間やったのかな。多い年には1000人以上の観客が集まりました」

この園に通う子どもたちの保護者には、前出の農婦のように移住者が少なくない。彼ら彼女らは、「安心安全な食べ物」と「自然に抱かれた子育て環境」を子どもに与えたくて、「何か（例えば東京とか便利とか）を捨てて」この地とこの保育園を選んできた人たちだ。

子どもに有機野菜や有機米の安心安全な食環境を与えたい。

自然溢れる環境のなかで逞しい子に育てたい。

その価値を何よりも優先する「意識の高い」の保護者たちにとって、自ら講演会を企画したりコンサートを開催したりするのはごく自然なことだ。

このように、地域を巻き込む大きな循環の中で、生産者と消費者が様々なシーンで「見えないタッグ」を組み、この地を豊饒なものにしていく。

それこそが、金子の農場を源流として長い時間と広い空間を貫く「大河」の本質だ。

2. 霜里農場の有機農業の苦悩と新たなる仕組み

研究と就農と挫折と

そしてここに、その「見えない大河」の誕生から現在までを丁寧に掬い、金子が体現する有機農業の本質をぎゅっとまとめて「見える化」した一冊の本がある。

この本を通して、この豊饒なる大地が生まれた歴史を繙いてみよう。

その本は、『贈与と共生の経済倫理学』（ヘウレーカ）折戸えとな著。

四六版４００ページにも及ぶ大著は、著者が32歳で入学した立教大学大学院異文化コミュニケーション研究科博士前期過程の修士論文で書いた「『お礼制』古くて新しいもの〜

小川町霜里農場40年のこころみ」をベースに、その後通った東京大学大学院新領域創成科学研究科社会文化環境学専攻の博士論文として纏められたものだ。

著者は研究者である前に、一時期は農民だった。２００２年、26歳の時から著者は1年間夫とともに霜里農場の研修生として農場に立ち、終了後03年からは群馬県太田市の祖父母の農場を継いで有機農業を始めた。そして3年足らずで、結果的に挫折する。

この論文が完成したのは２０１７年のこと。だから農業に手を染めてから論文の完成までに、足かけ15年の歳月が流れている。その間就農者として土に塗《まみ》れた経験や、農民社会の苦い裏側（裏切り、嫉妬、いじめ等）を味わった視点のエッセンスも入っている。

金子と霜里農場、そして生産者と消費者が切り結ぶ「お礼制」という独特なシステム。それらを冷静に「観察分析描写」した同論文に対して、一読した金子は、「書かれたことは全てその通りです」と答えた。

だからこの本には、金子夫妻と霜里農場の半世紀の取り組みの全てが詰まっている（以下「同書」と表記）。

「抗い」の結果としての有機農法

金子が農業者大学校を卒業して農夫として独立した１９７１年前後の農業の状況を、同書はこう書いている。

「近年、『儲かる農業』というフレーズが聞かれるようになった。（中略）市場原理主義である（中略）この思想が農業分野でも加速的に浸透し始めているとみてよい」

こういう潮流に対して、70年代には世界各地で大小さまざまな抵抗運動もまた活発化していた。協同組合運動、連帯経済、スローフード、脱成長、贈与の経済、等々。そうした反体制的な人々の中から立ち上がってきた運動の一つが「有機農業」だった。つまり有機農業は社会への「抗い」の運動として、各地の現場から生まれてきたわけだ。

たとえば私はかつて、金子の就農と同じ時期に成田空港闘争の現場から生まれた有機農業の担い手を取材したことがある。

日本の空の玄関・成田空港の一帯は、かつてその建設に当たって国が農民から強引に土地を収奪しようとしたことから、幾多の血が流れる闘争の大地だった。

その最中、何人かの闘争中の農民が、茨城県では中国野菜が有機栽培されていると聞いて、「面白れえから学びにいくべぇ」と出かけていった。そこから彼らは有機微生物農法に興味を持ち、それを学び始める。以降、今に続く成田の有機農法が始まった。

とある農民は、当時をこう述懐した。

「あのころは闘争ばっかりで、みんな農業に気が回らなくなっていた。だからこそ俺は、自分たちが農業に負けちゃならねえと考えた。農業をきちっと考えて、後継者も育てることが反対運動の要。自分たちの農業に自信がもてるようにすることだと思ったんだ」

この頃闘争を支援した学生たちは、水俣と新潟で発生した水俣病、富山県神通川流域で発生したイタイイタイ病、三重県四日市市で発生した大気汚染公害の「4大公害病」に対して、いずれも大企業の市場原理主義と生活者無視の姿勢の現れとして反対闘争を展開していた。

彼らは「公害の原因は科学汚染、薬害にある」と主張した。その視線は、農民たちが当時は当たり前に使っていた農薬に対しても向けられる。

そのことに農民たちも気付き、無農薬有機農法に目覚めていく。

つまり国家権力に抗い、市場原理主義に抗い、大資本に抗い、薬害に抗った結果が有機農法だったのだ。

なぜ市販の牛乳が美味しくないのか？　金子の原点

ところが金子の有機農法への出発は、ややニュアンスが異なるようだ。

同書には金子の農業の原点がこう記されている。

「農業高校を卒業して、本格的に、父と酪農に取り組んでから、2、3の疑問を持ち、それを知るごとに疑問は深まっていった。1つは、牛乳の味についてである。結論から言えば、市販されている牛乳がいかにうまくないかということだ（中略）」

このことについて、金子は私のインタビューにこう答えた。

「うちの父は牛飼い、酪農家でした。農薬は使っていなくて、母が自給用に野菜をつくっていた。私は小学6年の頃から搾乳を覚え、その搾った牛乳を飲んでいました。ところが市販の牛乳を飲むようになったらこれが美味しくない。家で牛から直接搾って飲む乳と同じものかと疑うようなものばかり。私は幼心に自分の家の乳を出荷しているメーカーの製品を誇らしく思って、自分の家の乳が入っているのだと喜んでいたんです。ところが買って飲む牛乳は全然味が違う。いろいろと現実を知るにつれて、市販のものは家で飲んでいる乳とは全く違うものなんだとわかるようになりました」

金子はさらに、二つ目の疑問を同書でこう述べる。

「2つめは、牛の耐用年数が短くなり、牛が弱くなったということである。（幼少時のころ）2、3頭飼いの時は、土手の草を刈ったり、あぜの草を与えたり、十分自給できていた。この時分の乳牛は体型はくずれないし、実によく乳をだしてくれ、離しがたいものであった。ところが（中学から高校時代の）乳牛は、もちろん多頭化につれて、粗飼料が足りないという根本的事情と思うが、飼養標準どおり計算して飼ってもせいぜい長く搾っても6、7産くらいでつぶしてしまわなければならない」

その理由を金子は、「濃厚飼料にかたよってくる酪農に疑問を持つと共に、完全飼料として高価に売られている配合飼料等も、本当に完全飼料なのかと疑った」と書く。

金子は小さい頃から、市販品の牛乳の味と自分の搾った乳の味の違い、つまり「味覚」という五感による気付きから、近代農業や科学飼料に疑問を抱いていた。さらに牛の観察を通して、牛の頭数に比例して牛の健康状態が悪化するということに気が付き、その原因をエサにあると仮説を立てていた。

つまり金子のモチベーションは「抗い」というよりも「異変への気付き」であり、そもそもあるべき農業への「原点回帰」だった。それが有機農業に繋がったのだ。

盟友、友子との出会い

その金子の最大の盟友は、結婚してまもなく45年になる妻・友子だ。

同書にはこうある。

「金子家の生計のあり方を説明する上で、不可欠なのは妻の存在であろうと思われる（中略）友子は農家に嫁いだが農家の出身者ではなく、転勤族のサラリーマンの娘であり、自身も当時で言う『ウーマンリブのキャリアウーマン』だった」

ここに書かれたように初期の金子家の「生計」を支えたのは、結婚後も農業に比べれば高収入のフリーアナウンサーを続けた友子だった。

けれどその功績はそれだけではない。埼玉の片田舎で実践する金子の有機農業を、全国的に有名なものにしたのは友子のもつ中央の人脈だった。

二人の出会いは、やはり「有機農業」だった。友子はこう語る。

「独身時代の私は九州朝日放送のアナウンサーで、当時は全然農業なんて縁がなかったんです。とある勉強会で後に総理大臣になる菅直人さんと出会い、その縁で１９７４年７月に参議院議員選挙の全国区に立候補した市川房枝さん（１８９３〔明治26〕年生まれの婦人運動家、政治家）の選挙を手伝うことになった。その選挙の応援に来た小説家の有吉佐和子さんとも知り合いました」

有吉はその後、74年10月から朝日新聞に「複合汚染」の連載を始める。その冒頭に書かれたのが市川の選挙のエピソードだった。友子はこう振り返る。

「その連載に『有機農業』って言葉が出てきた。それを学ぶために選挙の仲間と朝日新聞社の講堂にいったら、後に美登の師匠だとわかる一楽照雄さんが司会をやっていて、有吉さんが有機農業のなんたるかを語ってくれたんです。そこから私は一楽さんがやっていた『有機農業研究会』に入って勉強を始めました」

その研究会の仲間たちと、友子は「援農」と呼ばれる農家支援活動を始める。有機農家の農場を訪ね、農作業を手伝う取り組みだ。

「当時の有機農家はみんな東京から遠くて、山梨や群馬に農場がありました。そんなところまでそうそういけないでしょう。小川町は私が住む大森からは3時間かかったけれど、日帰りできない距離じゃないからちょくちょく通いました」

金子はこの頃すでに、有機農業界の若手論客としてセミナーや講演会にひっぱりだこだった。友子もまたジャーナリストとして各種のイベントに参加。二人はあちこちで顔を合わせ、時に語り合った。

そこからの縁で二人が結ばれたのは1979年3月のこと。新郎側主賓有吉佐和子、新婦側主賓市川房枝という豪華な式だった。

二人は結婚と同時に、3つの目標を掲げた。

「有機農業学校をつくること」
「民間の国際交流をすること」
「地場産業と組んで町を活性化すること」

特に一つ目の「学校をつくる」というアイデアは、友子が結婚前にフランスに1年3カ月留学した体験が色濃く影響している。友子はこう考えた。

――ヨーロッパには有機農業の学校が各地にできつつある。日本にももっとあったらいい。農業の後継者も減っているから、せめて有機農業の後継者くらい増やしていきたい。

そこで結婚後、美登の農場を学校のようにすることを提案した。その発想が、現在も続く研修制度に繫がっている。

お礼制への道

もう一つの霜里農場の大きな特色の一つは、消費者と「贈与」という関係性を結ぶことだ。現在、霜里農場は、「提携さん」と呼ぶ30軒の消費者に対して、近隣には農産物を毎月1回届け、東京方面にも月1回届けている。

その報酬は「お礼」と呼ばれ、金額は原則として消費者が決める。ある程度の目安はあるが、双方が結ぶ契約には、農作物の金額は決められていない。

この方法を採用している事例は、有機農業界にもあまり存在していない。

同書にはこうある。

「この『お礼制』は霜里農場において1977年から『こころみ』として始まったものであり、それが現在まで続いている。『お礼制』とは、生産者と消費者が直接に関係を取り結び、両者が農産物の授受を行う仕組みのことをいう。基本的には農産物を『売買』するのではなく、生産者は農産物を消費者に贈与し、消費者側は各々『こころざし』に基づいて農産物への『お礼』をする、ということから『お礼制』という名前がついている」

このお礼制が生まれた背景を、金子は私にこう語った。

「私は卒業論文で『自給区構想』を発表して、農作物を市場に出すのではなくて生産者と消費者が直接結びつくシステムを就農当初から考えていました。その関係を結びたい人たちを集めて、小川町の生活協同組合の人たちと読書会をやったりして啓蒙活動を展開し、やっと6年目の１９７５年から10軒の消費者を集めてスタートしました」

金子と消費者は契約を結び、当初消費者は毎月２万７０００円を金子に支払う（７０００円は農業経費の燃料代や種子代、２万円は生活を保証する代金）こととなった。その契約のもとで、金子は米、野菜、小麦、牛乳等を一定量週に２回届けた。

ただしこの契約には消費者の義務もあった。

「会費制農場の運営は、毎月一回の消費者との運営会議で月々の反省や野菜の作付けについて話し合い、除草剤を使わないために余計にかかる手間などを補うための農作業については、消費者全員に『義務』として課し、『強制』とした。そのため各消費者家族からは最低週一回は誰かが来て除草などを手伝うということになっていた」（同書）

すでに書いたように、友子も参加していた有機農業研究会のメンバーたちは支援として農場の手伝いをしていた。成田闘争の中心地三里塚では、大勢の支援学生たちが援農として農作業に参加することが当たり前だった。中には農家と養子縁組した者もいる。

「抗う」スタイルの有機農業にあっては、それは何の不思議もない行為だった。有機農業を通して「共闘」していたのだから。

　ところが金子のもとに集まった消費者たちは、そうではなかったようだ。金子の「疑問から、原点回帰」という有機農業のスタイルが我慢できなかったのか。それとも消費者にとっては「経済優先」の有機農業だったのか。この関係はたった2年で決裂する。

　金子が当時を振り返る。

「10軒中2軒の消費者が、私たちは会費制として金子さんちの生活の面倒をみているんだから所有する田んぼや畑を11分の1ずつ分けろと言い出しました」

　友子もあきれた表情で言う。

「始めてたった2年ですよ。土曜日と日曜日の午前中、彼らは2時間だけ手伝って、その間お茶の時間もあるから実質1時間半ね、私も援農で来ていたときに時折一緒だったけれど、ムシのいい人たちだと思いました」

　金子が続ける。

「最終的には私の親を含めて納得できないと断ったら、『お前は氷のように冷たい人間だ、自己改造しろ』と言い出した。少なくとも左翼的な思想がないということで、夜中までとことん批判されました」

金子にとって有機農業は左翼でも右翼でもない。「強いて言えば農民党だった」のだから、この関係を維持するのは無理がある。

その結果、自給区構想は脆くも崩れた。

一人の母親の願いから

やがて生まれてきたのが、契約金額を決めないで完全な「贈与」スタイルを貫く「お礼制」だった。その誕生のきっかけとなったのは、三人の子どもを抱えた母親・尾崎史苗の閃きだった。

同書には、その閃きの顚末がこう書かれている。（以下、筆者抜粋）

——尾崎は「考え行動する母親」だった。「母親が無知だと子どもをうまく育てられない」と強く思い、安全な食べ物を購入するために「練馬貫井生活を守る会」を自ら立ち上げて同志を募った。その後、東京都と神奈川県の消費者３００世帯が共同出資して運営する「たまごの会」にも参加する。

この会は、茨城県八郷町《やさとまち》に独自の農場を持ち、消費者がボランティアでそれぞれの作業を受け持って運営する「自立型」組織だった。

尾崎はこの運動に参加しボランティアも積極的に行っていたが、その頃離婚を経験。そうなると生活に追われてボランティアどころではない。それでも10歳、6歳、4歳の子どもには安心安全な食べ物を与えたい。

金子との出会いは、そんな時のことだった。その頃の尾崎の行動を、同書はこう書いている。

「（離婚後）一人の親として3人の子どもたちをなんとかして健康に育てたい。そのための食べ物を探していたちょうどその時、金子が『会費制』でやっていた取り組みが一度白紙に戻ったという話を尾崎は知人から聞いた。そして『金子さんにお話ししてみよう』と思い立ち小川町の霜里農場を訪ねた。それが1977年のこと。尾崎は、すでに『複合汚染その後』に金子が書いていた『10軒の消費者を1軒の農家で養うことができれば、日本では有機農業でやっていける』という彼の持論について読み知っていた。それを参考に『10軒集めるのは難しいかもしれないけれど、何とか知り合いに声をかけて集めるので、私たちとやっていただけませんか』と頼みにいったのだ」

そして尾崎はそこで見たのだ。会費制の裏側を。

それが「お礼制」を閃くきっかけとなった。

「(金子の家にいったとき)、金子さんのお母さんが古い電話帳に白菜いくら、なにいくら、こまかく全部一軒ごとに書いているんです。電話帳に。古い電話帳。大きいペンで。書いているわけです。それをみてね、私はね、いやあこれは大変だなぁと。(中略)私たちじゃあ、金子さんの野菜に値段をつけるなんてできないと思ったの。それでね『お礼金』っていうことにしてもらえませんかって」(同書)

値段をつけることはできない――。いまなら巷に流れるＣＭのコピーを借りて、「プライスレス」というのだろうか。当時のＣＭで使われていたコピーの代表例は「モーレツからビューティフルへ」。あるいはこの少しあと80年代になると、「おいしい生活。」というコピーも生まれる。

つまり広告メディアでは「変わろう」という意志が語られる時代だった。まさに高度成長という「モーレツ」な時代から、成熟を示す「ビューティフル」の時代へ。ということは、量的拡大を最大価値とする「高度成長期の名残」があったと言うこともできる。

自給区を求めた消費者は、「会費」で有機野菜が手に入るだけでは飽き足らずに、「不動産＝経済」を求めた。経済の量的拡大を求めた結果だ。

けれど尾崎たちは、有機野菜は「価格が付けられないほどの価値＝プライスレス」と納得した。常々金子が言う「命を支える食べ物が鉄砲や爆弾と同じ商品だなんておかしい」という理論を理解する消費者と、金子はこの時初めて出会えたのだ。

それは個人の資質の違いなのか？　時代の変化の兆しだったのか？

いずれにしてもここに消費者の質的な変化があり、金子の「お礼制」はスタートした。

以降今日まで続くことになる。

金子はこの再スタートに際して、「自給区構想」への4つの改良を行った。

1．消費者との関係性の作り直し
——会費制では10軒の消費者がグループとして一農家と関係性を結んでいたが、以降1軒の農家が直接1軒の消費者と繋がるというあり方に切り換えた。
2．援農の任意化
——会費制では義務化、強制化していた援農という名の農作業は立場や体力、個々の置かれた状況の異なる人々の間で不公平、不平等感が生まれて問題視された。これを改め

「個々人の自由意思に任せる」ということに決めた。

3．会費ではなく「お礼」に

――一律2万7000円と金子の側が設定して会費をもらうのをやめ、出来たものを消費者に贈与し、会費ではなく謝礼のようなものとして「消費者の側で自由に決めてください」というかたちにした。

4．消費者の居住地域の拡大

――それまでは小川町の近隣に限定していた消費者の在住圏を東京まで広げ、新たな消費者とつながった。

当時を振り返って友子が言う。

「そのことを伝え聞いた有吉（佐和子）さんが、じゃあ私の家にも持ってきてちょうだいと言ってくださって、芸能界のお知り合いとかお医者さんとか10軒くらい紹介してくれました。それ以外にも5軒入ってきて、一緒に持ってきてくださいと言ってくださった」

金子が続ける。

「それまで提携さんは小川町周辺に限定していたけれど、外に広げようと思ったら東京という都市の存在が大きかった。賢い消費者がいるし、『金子さんのところの契約の口が開いた』と聞くと『今が入るチャンス』といって契約してくださる方がいた。最初の内は10軒分の野菜をつくるので精一杯だったけれど、その後20軒30軒と増やすことも出来ました」

その後金子は、研修生が巣立っていくたびに自分の契約消費者（提携さん）を彼らに振り分けていった。

「私はお金儲けじゃなくて、うちの作物を食べたいという消費者がきたら提携契約する。研修生が独立したら、新たにやってきた消費者を紹介する。中には２００軒くらいと提携契約して年商１０００万円とか２０００万円なんて農家もいるけれど、それは各自のやり方です」

金子が目指したのは「たんぽぽの花のように種子が風に乗って広がること」だった。

それが成立したのは、会費制が頓挫した怪我の功名か。あるいは途中記したように「時代の変化」なのか。小川町を中心に、有機農法を支援する消費者の巨大な「たんぽぽの花園」が生まれたことは間違いない。

たんぽぽを育てる苦しみ

とはいえ、地域で育てる「生産者のネットワーク化＝有機農業の地域への伝播」は、並大抵のことではなかった。同書にはこうある。

「金子が就農と同時に取り組んだことは、ヘリコプターによる、田んぼへの農薬の空中散布を中止してもらうことであった。（中略）（それは）金子一人の問題では済まされないことであり、集落全体の人たちを巻き込まざるを得ない『村の大事件』の一つであった」

金子は農業者大学校に学び、「生態系農業（当時はまだ有機農業という言葉がなかった）」の実践を固く決意して集落に戻った。けれどそれを理解する人はおらず、言葉でそれを説明しても理解してもらうことは不可能だった。

日本で農薬の空中散布（共同防除）が始まったのは１９５８年のこと。水田だけでなく林野関係にも適用されて、59年には全国で２万２０００ヘクタール、60年には９万８８００ヘクタールと年々面積は飛躍的に増加した。

当然金子の農場がある小川町下里地区でも共同防除は始まった。「生態系農業」をやると決めて就農した金子にとって最初の壁は、この「共同防除」をなんとかしてやめてもらうことであった。

だが金子以外の農民にとっては、ヘリコプターによる農薬の一括散布は「ありがたい」労働の軽減だった。それに反対することは、防除剤の入ったタンクを背負って散布する大変な労働を復活させることを意味する。そもそも反対する理由を理解していない人々からすれば、それ自体「頭のおかしい変人の考え」と思われても仕方のないことだった。

当時を金子はこう振り返る。

「当時は全国南から北までヘリコプターが飛ぶスケジュールが決まっていて、病気や害虫が出なくても水田に農薬を空中散布していました。その方が補助金が多く出た。農薬会社と国が癒着していたようなものです。

私は71年の就農時からこの散布を止めたいと意思表示していましたが、16年かかってやっと87年に止めることができたんです。それ以前は、うちの田んぼに農薬を散布するなという意思は目印の赤旗を立てればいいんだけれど、村というのは水でつながった共同体です。隣の田んぼに撒かれた農薬は水を通じて私の田んぼにも入ってくる。でも村内でけんかはできませんから、とにかく有機農業で化学肥料を使わないでも米ができるんだということをコツコツと続けて、その成果を周囲の人にも見てもらっていました。16年間。それが87年に、あることが理由で周囲の農民の気持ちが揺らいだんです」

外圧でしか変われない日本人

1987（昭和62）年、ついに金子にとって「その時」が訪れた。アメリカの外圧により、米の「部分自由化」の話が持ち上がったのだ。米国から安価な米が輸入されたら日本の米農家は大打撃を受ける。それでもこのまま米作を継続すべきか否か。各自が選択せざるを得ない状況に立たされた。

- 87年4月　日米農相会談で、アメリカ側が「米の市場開放」を要求。このことに端を発して、この後日米間で米の輸入自由化に関する長い交渉が始まった。
- 91年12月　ガット・ウルグアイ・ラウンド交渉においてガット事務局長ダンケルが、「例外なき関税化」を提案。
- 93年9月　作況74の大凶作。米の緊急輸入決定。
- 同年12月　細川内閣が米の自由化を受け入れ、ガット・ウルグアイ・ラウンド交渉が終結。

この流れの端緒である87年、金子は地域の農業団体の代表のもとを訪ねて、空中散布の中止を訴えた。

この時のことは、金子にとっても忘れられない出来事だ。霜里農場にとっても、歴史的な日だった。こう振り返る。

「農協、町役場、農家組合長の三者に申し入れをした翌日、村中の農業団体の役員が私の家に押しかけてきて、『空中散布を止めたら病害虫がでるから続けたい。請願するのを止めてくれ』と言ったんです。私はたまたまその日家にいなくて、次の日もう一度団体を訪ねて空中散布中止の請願をしました。その時町役場から『中止か否かはお米をつくっている農家で話し合って決めなさい』と言われたので、村の集会所にみんなで集まって長時間の話し合いとなりました。30軒くらい集まったかなぁ」

想像してほしい。片や集落の農家全員。此方たった一人の30代後半の農民。すでに金子が述べたように、米づくりはまごうことなき「集落の共同作業」だ。だから農耕民族の日本人のＤＮＡの中には、「寄らば大樹の陰」「長いものには巻かれろ」という行動様式が色濃く染みついている。

その中にあって金子は一人、16年間も「生態系農業=有機農業」の意志を頑として曲げなかった。喧嘩こそしなかったが、にこにこと微笑みながら、田植えが終わると自分の田んぼの畦道に「空中散布不要」の赤旗を掲げ続けた。

周囲の農民は遠くからその様子を見て冷笑している。集落の中で金子は、まごうことなき「奇人変人」扱いだった。

けれどそんな中でも、周囲の農民たちは横目で見ていたのだ。金子の田んぼの米や麦だけが「いい色」をしていることを。自分たちの田んぼの米は肥料を食い切ってしまって追肥しないと「黄色くなっちまう」にもかかわらず。

それだけではない。金子の農場だけは毎年若者（研修生）がやってきて、明るく元気に農作業に精を出している。高齢化して人手が足りない自分たちを尻目に、その若者たちは「農業をやりたい」と言う。その光景も周囲には驚きだった。

さらに農民たちは、山の異変にも気づいていた。

「山に入れば『水が湧いているところにたくさんいたイモリが死に、チチタケという自生する美味しいキノコも全くはえなくなる』などの変化があった。さらに体調を崩す者がでたり、空中散布が始まると、窓を閉め切り、窓側に置いている食べ物を隠すように注意する警報が流れた」（同書）

地域の農民が、地球の環境変化や農薬の危険性を十分に認識していたことがわかる。

そうした状況の中、17年目にして初めてもたれた集落の農民総出の話し合いは長時間に及んだ。そしてその結末は――。

「誰かが言ってくれたんです。美登ちゃんがあんだけ一生懸命言ってるんだから、1年農薬散布は休んでみようやって。だから17年目の１９８７年には、私たちが田んぼをもっている下里1区だけはヘリコプターが飛ばなかった。それで病気や害虫が出たかといえば、全く発生しなかった。そもそもこの地区は周囲を山に囲まれていて非常に生態系のバランスがいい。だからそんなに病気や害虫はでるもんじゃないんです。それで1区の全農家が、この年から無農薬有機栽培の米づくりを始めることになりました」

振り返ってみれば、「米の自由化」は「外圧」だった。

金子はそのタイミングを逃さずに、20代前半に描いた「生態系農業＝有機農業」の流れを一気に引き寄せた。まことに炯眼《けいがん》であり、そこには金子の背中を押す朗報もあった。

支援してくれる地場産業

このとき金子にやってきた朗報は、町内の造り酒屋の社長、中山雅義からもたらされた。

町役場を通して金子に、有機米をわけてくれないかという話が舞い込んだのだ。当時中山は、霜里農場の動きとは全く別のところで新しい道を模索していた時期で、町内に残った数少ない酒蔵としてどのように生き残っていくかの策を練っていた。

先祖を越後郡（新潟県）にもつ中山家では、江戸時代から酒造業を営んでいた。幾多の変遷を経て１９５０（昭和25）年に小川町で「晴雲酒造株式会社」を設立して再スタート。季節になると越後杜氏を呼んで酒づくりを行っていた。

１９７３年、27歳の雅義がこの事業を継いだあたりから、酒造業界は激変する。労働環境の変化、食生活の変化から酒が売れなくなったのだ。各地の酒蔵は、安売り競争に走る。「米糠《こめぬか》糖化装置」を使って米の芯だけでなく皮も使って酒を造り、紙パックに詰めて安く販売する。大々的に広告宣伝を行い、「大量生産大量消費型経営」にシフトした。

だが晴雲酒造の３代目社長雅義は、この路線に乗ることをよしとしなかった。こう語っている。

「逆にいうと無農薬のほうにいった。安い方じゃなくて高い方に動いたわけですね。（中略）無農薬のお米で作ったらそれだけで高く売れそうな気がするでしょ」（同書）

金子と出会う前年の１９８６年、雅義は一本の新聞記事を目にした。

――八郎潟の干拓地で無農薬米が余った。するとある酒蔵がそれを買って無農薬の酒をつくった。

雅義はさっそくその大潟村に電話して「その無農薬米を買えないか」と問い合わせた。けれど答えはNO。「無農薬米はもうない」。

そこで今度は地元の小川町役場に問い合わせる。すると役場の人が「金子さんがいる」と教えてくれた。そこで二人の出会いがあり、雅義は金子に「有機米を購入したい」と申し出る。

おりしもそれは、金子が下里1区の農民を説得して、「農薬の空中散布を1年間止めてみよう」という合意を取り付けた年のことだった。この時のことを金子はこう振り返る。

「酒造では一番小さなタンクで酒を仕込むのに米が40俵要ります。中山さんが新聞で八郎潟の有機米の酒づくりの記事を読んで大潟村に連絡したら、そんなに大量の有機米はないといわれた。地元の農協に聞いても『有機の米なんてあるわけない』。そりゃそうです。いまだって有機米は貴重なんですから。当時は有機農家なんていまよりも少ないわけですから。そこで最後の願いをかけて小川町の町役場に連絡したら、その担当職員が私の同級生で、『社長、有機米なら金子というやつがとっくにやっている』と伝えてくれた。そこから私と中山社長がつながったんです。前からお互いに存在は知ってはいたけれど、親しくはなかった。中山社長は私の有機農業の取り組みは知らなかった。それが１９８７年の暮れの出会いです。会って話してみたら、キロ６００円で買ってくれるという。１俵は60キロですから３万６０００円になる。それまで卸していたところの約３倍の値段です。そのことが周囲の農家にも知れ渡って、除草剤や農薬を使わない有機の米づくりへと変わるきっかけとなったんです」

やがて１９８８年の暮れ、有機の新米40俵を使って有機無農薬の日本酒「おがわの自然酒」が生まれた。ラベルは高級酒に相応しく、小川町特産の手漉き和紙にアメリカ人版画作家リチャード・フレイビンの作品。地元の有機米での酒づくりとグローバル（当時はこの言葉は今ほど広まっていなかったが）でお洒落なラベル。物語性のあるこの酒はあっと言う間に話題になり、１年で売り切れた。

この時雅義は、こんな言葉を残している。

「おれは値段交渉はしなかったつもり。（中略）何か『文化的』って言うと大げさだけれど、『遊び心』『旦那』そういうものに賭けてみよう（中略）高いっていったって、１年間に１００万（円）か２００万（円）だから、車買うの我慢すればいいだけだから。（中略）これって、基本的には道楽だから。『旦那』。いい女に入れ揚げたと思えば、１００万、２００万、１年ね、安いもんだ。喜んでくれるんだからね、みんながね」（同書）

雅義は江戸時代の「旦那気質」を発揮して、「金子の言い値で」、酒米としては日本一高品質で高価な山田錦と同額で有機米を買ってくれた。

尾崎に次いで金子はここでもまた、幸運にも「希有な消費者」と出会う。

そこから次々と現れる有機の生産物を渇望する地場産業との出会いを経て、小川町の有機農業は育っていく。例えばその出会いの一つは――。

有機大豆と作文から生まれた日本一の豆腐

１９９６年ごろのこと。遺伝子組換え食品の問題が騒がれ始め、消費者から「国産大豆で豆腐を作って」と言われ逡巡《しゅんじゅん》する豆腐屋経営者がいた。旧都幾川村（現・ときがわ町）の「渡邉商店（現・とうふ工房わたなべ）」の店主、渡邉一美だった。

その頃渡邉は、市場を席巻するスーパーマーケットの「ありえない安価な卸値」にも辟《へき》易《えき》しつつ、消費者からの「国産大豆で」という要求と板挟みになりながら、遺伝子組換えの勉強会で金子と出会う。

その時は金子に、「有機大豆は１キロ８００円」と言われて「とても有機豆腐は無理だ」と諦めた。それでは一丁８００円の豆腐になってしまう計算だった。

けれどその後金子は刈り取りコンバインを導入し、「１キロ５００円の大豆栽培」を実現。渡邉も経営努力を重ねて、一丁３００円台の豆腐が生まれてきた。

そこから約20年後の今日、大型観光バスもとまる広い駐車場を３つ備え、年商３、４億円と言われる超繁盛店「とうふ工房わたなべ」が生まれた。そこでは周囲の有機農家の産物も売られ、週末を中心に長蛇の列ができている。

渡邉は契約する農家が生産する有機大豆を全量買い取る。生産者も消費者も店もウィンウィンウィンの関係が築かれている。だがその成功の陰にはもう一つ、渡邉を発奮させる強烈な動機があった。渡邉は私にこう打ち明けた。

「まだ有機大豆を使い始める前のこと。当時中学生の娘がいつも作文を書いていた。中学校に作文教育に熱心な先生がいたのです。そしたらある時娘の作文が内閣総理大臣賞に輝いた。そりゃ凄いと驚いていたら、帝国ホテルで表彰式があるという。そこに出かけていく我が娘の背中を眺めながら、頑張れば日本一になれる。私も何かの分野で日本一を目指そうと思いました。味なのか、売り上げなのか、品質なのか。それを突き詰めるために豆腐では日本一の京都に通って、社員みんなで勉強を重ねたんです」

娘の作文が日本一への動機だったのだ。

それもまた、有機大豆あってこその話。金子と霜里農場の取り組みは、地域に様々なエピソードを残していく。

ここではもう、後継者がいなくて農地が荒れるようなことはない

現在の霜里農場には、相変わらず何人かの研修生とともに農場に出る金子と友子の姿がある。

母屋の裏側には、飼っている牛の糞尿や他から取り寄せる馬糞、羊糞に地域の材木屋からもらった木材チップを切り混ぜながら半年寝かせて完熟させた堆肥が山となっている。農場には廃材を燃やしてエネルギーを利用するウッドボイラーや、地域の食堂から集めた廃食用油の大きなタンクもある。この廃食用油は近くの精製工場に持っていき、できた軽油並みの燃料の2割をもらってきて自動車やトラクターの燃料にする。落ち葉の発酵熱で育苗する踏み込み温床もある。「あ・うんユニット」と命名された、排泄物を複合発酵させて活性剤（エナジー水）を生成する（全く臭いがしない）施設等もある。

この農場を取材した農業ジャーナリスト成見智子は、雑誌「地上」（２０２２年４月号）にこう書いている。

「捨てられるはずのものが地域じゅうから集められて営農に生かされ、生産された農産物がまた地域に還元されていく」

　見事な地域内循環だ。

　このエコ農場づくりには、地域の消費者も協働している。小川町在住の主婦で、ＮＰＯ法人生活工房つばさ・游代表、高橋優子はこう語る。

「金子さんと出会ったのは１９９８年ごろのこと。小川町環境基本計画策定町民協議会の場でした」

　その協議会は４つの分科会に分かれ、金子と高橋は「廃棄物部会」で出会った。ある日部会のメンバーで、霜里農場がすでにつくっていた「バイオマスプラント」の見学に行った。

　その仕組み感激した高橋は、家庭の生ゴミを資源化するＮＰＯに金子と共に参加。続いて有機農業が生み出すエネルギーをテーマに「小川町自然エネルギー学校」を設立。環境負荷がない農業を目指して、霜里農場を実験場として温室、太陽光発電、メタン発酵槽等をつくっていった。

それまで金子は、農場の動力には化石エネルギーを使っていた。そこから農作自体にかかるエネルギーも全て自給する完璧な「エコ農場」に生まれ変わる。

高橋が小川町に越してきたのはバブル経済絶頂期の１９８９年のこと。当時は０歳、１歳、５歳の３人の子育ての真っ最中。水戸に住んでいたころには茨城県八郷町で有機農業に関わっていた。小川町には知り合いがいなかったから、まず生協に行き「有機野菜はないですか？」と尋ねたという。こう振り返る。

「その時は小川町が有機の里だという印象は全くありませんでした。有機農家の農作物はみんな提携さんとやりとりしていたから、地域には出回っていなかった。直売所もなかった。だから最初に買った有機野菜は金子さんの農場のものではありませんでした」

この頃金子は有吉佐和子が書いた『複合汚染その後』に登場したり、司馬遼太郎と対談したりと、中央の言論界や環境問題の関係者、あるいは有機農業の世界では注目を集めていた。けれど肝心の小川町界隈では一般的には無名だった。

作物は30軒の提携さんに直接配達する。晴雲酒造の有機米日本酒は生まれたばかり。それほど大量の酒が市場に流れていたわけではない。大規模な宣伝もできるはずがないから、ごく一部の日本酒ファンが買っていくだけだった。

「とうふ工房わたなべ」から有機豆腐が売られることになるのは２００３年から。それらに先立つヤマキ醸造（埼玉県児玉郡神川町）の「生醤油夢の山里」は、１９９４年の誕生だった。

　金子は友子と結婚するときに、前述した３つの目標を立て、「地場産業と組んで町を活性化すること」も掲げていた。けれどこの頃は「地場産業とは手を組み始めていた」段階で、一般消費者にはその成果は届いていなかった。つまり有機農業で町を活性化するには至っていない。高橋も自分たちで作ったパンフレットに書いている。

「（霜里農場見学会のお手伝いをする中で）生産者と消費者が現代システムの中ではあまりにかけ離れ過ぎていて有機農業が見えない、判らない、のではないかと思い至り……」

　そこから高橋は、マネジメントコーディネーションの勉強を始める。

　やがて金子と出会って12年目の２００９年、高橋たちは一つの試みを始める。「ＮＰＯ法人生活工房つばさ・游」を作り、「小川町有機生活宣言」を発表。同時に東武東上線小川町駅から徒歩２分の場所に、小川町の有機野菜が主役の日替わり料理人のレストラン「べりカフェ　つばさ・游」をオープン。金子たちが作る有機野菜をふんだんに使い、会員である主婦たちが文字通り日替わりで料理人を務めて、地域の有機野菜を地域の人たちに振る舞う場にしたのだ。

この日はたまたま友子が料理担当だった。だから全ての食材は霜里農場産の野菜たちだ。調理を養子の金子千草に任せた友子は、14時を過ぎるとつくった賄い飯を食べ、最後にこの日の売り上げ約１万６０００円を大事そうに鞄に入れて家路につく。友子が担当するのは月に１度。だからお小遣い程度の売り上げだが、ここにこそ高橋たちが掲げた「有機農業が普及し、農家が誇りを持て、消費者が豊かに幸せになるための、『小利大安』の下里モデル＝利益は少なくても大きな安心を得られる」という宣言の本質がある。

完璧な勝利宣言

前述した雑誌「地上」の最後に、ジャーナリストの成見は現在の霜里農場のおかれた環境をこう書いた。

――育てた研修生は１５０人以上、約30人が小川町とその周辺で就農、作る人と食べる人の顔と暮らしが見える「有機的人間関係」が成立している。

さらに金子の言葉をこう紹介している。

「若い世代に（農場を）譲る人が増えて、町の農地の15%が有機になりました。ここではもう、後継者がいなくて農地が荒れるようなことはないんですよ」

見事なまでの勝利宣言だ。20代で掲げた「生態系農業＝有機農業」という旗からブレずに邁進してきた金子美登と友子。そしてその周囲に集い、それぞれの立場でこの旗を大切にしてきた仲間たち。

例えば町内に6ヘクタールの畑を持つ初期の研修生のひとり、田下隆一はこう語る。

「この農地を紹介してくれたのも金子さんでした。独立から38年たっていますが、最初の3年間は夫婦でアルバイトしながら凌いだ。その間も支えになってくれたのは、霜里農場の存在であり、同じ釜の飯を食った研修生の仲間の存在でした」

田下もまた、金子の「たんぽぽの種」の一人だ。霜里農場を巣立ち、自分の農地を持ち、広げ、いまは幾多の研修生を受け入れている。

そんなたんぽぽ畑が広がろうとも、金子は気張らず、力まず、今日も土や作物や家畜たちとの対話を繰り返している。

金子に最後に訊ねてみた。

「有機農業で一番大切なことはなんですか？」

すると金子は即答した。

「無理しないことだ」――。

人間は、「柔らかく生まれて固くなって死んでいく」生き物だ。人が「成長」と呼ぶプロセスは、実は「固くなっていく」過程でもある。金子はこのような激動の人生を歩みながら、「無理しない」。だから「柔らかい」。

それが金子美登の生き方なのだと、私はこの言葉に、深く納得するのだ。

終章　この国の再生は地方から

初代地方創生相石破茂の嘆き

「日本はすでに有事です。このまま人口が減り続けて東京一極集中が進めば、この国は滅んでしまう。この国の再生は地方からでなければならない。これからの地方創生のキーワードは『いまだけ、ここだけ、あなただけ』だと思います」

そう語りだしたのは、衆議院議員で２０１４年から16年にかけて地方創生大臣（内閣府特命担当大臣）を務めた石破茂だった。22年3月12日。本書執筆中に埼玉県ときがわ町で開かれた同氏の講演会「地方創生を国民運動に！」でのことだ。

石破といえば一般的には「国防族」とされる。最近ではウクライナ情勢に関する発言が注目されている。けれど実は地方創生相時代には全国１７００あまりの自治体の約４００を回ったという「地方創生のスペシャリスト」でもある。その後も折あれば地方行脚を重ね、この日も「ときがわ町は初めて訪ねるから楽しみ」と言いながらやってきた。

この企画を主催したのは、私がコロナ禍の２０２０年秋に立ち上げた「トカイナカコンソーシアム」。ときがわ町に大型7ＬＤＫの二拠点生活シェアハウスを構え、最近あちこちで語られ始めた「トカイナカエリア（都心から約１・５時間圏内）」を活性化しようとする市民団体だ。コロナ禍でリモートワークが増えて都会に住む必要がなくなった。これまでは移住や二拠点生活をしたくても「転職」や「仕事探し」がネックで二の足を踏んでいた人たちが、一気に解放されて「脱都会」のムーブメントが現れた。これを利用して、これまで日本人を支配していた「上り列車に乗らないと幸せになれない」という幻想を振りほどき、「下り列車に乗った未来づくり」をして地域活性化を図ろうとする運動体である。

石破は冒頭の発言の心をこう説明する。

「都会にあるのは『いつでも、どこでも、だれにでも』のチェーン店ばかり。むしろときがわにしかないもの、この季節の旬のもの、あなたが宝だと思うものを大切にしましょう。たとえばときがわ町の玉川温泉にはお湯の自動販売機がある。奈良時代につくられた慈光寺には国宝がある。三波渓谷はペットボトルのお茶のCMロケ地に使われるほど綺麗だ。それらを自慢して故郷の魅力をアピールしましょう」

石破は事前にときがわ町の魅力を調べて列挙し、集まった町民たちを鼓舞した。

地方創生大臣を退いたあと、２０１７年に石破は『日本列島創生論』を上梓した。そこには地方を行脚して考えたさまざまなアイデアが記されている。

「補助金と企業誘致の時代は終わった」「観光はA級を目指すべし」「官僚は現場で発想せよ」「里帰りにどれだけ魅力を付加するか」等々。

例えば「官僚を地方に送り込む政策」は、「地方創生人材支援制度」に結実した。それまでにも霞が関の官僚を地方に出向させる政策はあった。けれどそれは大都市に集中していた。それを石破は「人口５万人以下の都市」に改めて、20〜40代の官僚からの希望者と、大学の研究者、民間シンクタンク、ＮＰＯの人材等も含めて約５００人の人材をプール。1年目には霞が関からは約40人の官僚を地方に出向させた。第５章で書いた千葉県いすみ市で「よそ者力を発揮した」総務省の早川卓也は、この制度に乗っていすみ市にやってきて様々な政策を実現した。それほど実効性のある政策だったのだ。

この頃私が全国各地の町おこし事例を取材すると、「石破さんが私たちの町に来て町づくりへの具体的なアドバイスをくれた」「アイデアをだして霞が関に提出したら、地方創生交付金がついた」といった声が聞こえたものだ。石破は、

「もはやこの国には全国一律に財源をばらまく体力はない。がんばったところに人も金もつける」

と言って、自治体を鼓舞していったのだ。

だが――。担当大臣を降りてから約６年。言うまでもなく地方の疲弊はますます進行している。にもかかわらず、石破が創った政策は形骸化してしまった。人材支援制度も年々

派遣数が減り、令和3年度の派遣は全国78市町村だが、そのうち41市町村は岸田内閣が新たに提唱している「デジタル田園都市国家構想」のIT要員だから、実質的には37自治体にしか派遣はない。令和4年度は実質36自治体だ。

石破はこう嘆く。

「2月に行われた岸田首相の施政方針演説に『地方創生』という言葉は一度も使われませんでした。人口減少と地方の活性化はこの国の最大の課題なのに、政治がそれに本気で取り組もうとしていない。私が大臣を務めて以降、地方創生が進んだようには見えない。これでいいのか」

躍進するトカイナカのプレイヤーたち

だがこの日は朗報もあった。講演に引き続いて行われた「地方の自立」をテーマにしたパネルディスカッションで、各地からやってきたパネラーがアイデア豊かな取り組み事例を報告してくれたのだ。

首都圏の国道16号の外側、まさにトカイナカエリアで日帰り温泉施設を中心に地域エンタテインメント施設の企画運営を行う株式会社温泉道場社長、山﨑寿樹はこう語った。

「埼玉県ときがわ町と越生町で温泉施設を経営しています。両町とは防災協定を結んで、災害発生時には施設を地域住民に開放して入浴や宿泊スペースを無料で提供します。冷蔵庫には1週間分の食料もありますし、いざというときのインフラとして地域に無料で提供させていただきます」

また埼玉県毛呂《もろ》山《やま》町に生まれた地域商社（自治体や地域の病院、企業、銀行等が出資して地域振興を図る組織）「株式会社もろやま創成舎」代表、笠原喜雄はこう発言した。

「地域には仕事が必要です。私たちは若者を対象にビジネスコンテストを開催して、新しいビジネスを地域に生み出したいと思っています」

もう一人宮城県石巻市からやってきた「リボーンアート・フェスティバル」事務局長、松村豪太はこう語った。

「震災以降、前の石巻に戻すのではなく新しい石巻をつくるんだという意図で活動してきました。地方だからこそクリエイティブな町ができる。アートフェスを3回やって、観客動員数だけではなく町の滞留人口を増やしたいと思っています」

こうしたプレイヤーの発言を受けて、パネラーの一人で国土交通省鉄道局長等を歴任し、現在は鉄道建設・運輸施設整備支援機構副理事長を務める水嶋智はこう感想を語る。

「以前に比べて地方のプレイヤーが成熟してきた印象です。かつては社会運動系の人たちが多かったけれど、ビジネスがちゃんと生まれてきている。地に足がついていますね」

石破も４人のパネリストの発言に頷きながら「お風呂施設と防災はいいなぁ」と呟く。

そもそも石破は、同書の中で地方のさまざまなプレイヤーが集まって「地方創生」への智恵を結集するアイデアをだしている。「産、官、学、金、労、言、士、こうした人々が力を合わせなければ地方は再生できません」と。

つまり産業界、官僚、学校、金融機関、労働組合、メディア、士業の人間が集まり侃々諤々議論する場を創ることを提唱しているのだ。

この日のときがわ町での集いは、まさにそれを体現したものだった。経営者、ＮＰＯ、官僚、ジャーナリストそして政治家。こうした多様な人間たちが智恵を出し合う場をつくるのが、トカイナカ構想の趣旨でもある。石破にとってもこの企画は、地方の実情と新たな胎動を知る意味で意義深いものだったという。

この講演会のあと、私のもとに石破からこんなメールが届いた。

「地方創生は国民運動であり、政治家が危機感と使命感を持って熱く語らなければ決して実現しません。今後ともお力を賜りますよう、何卒よろしくお願い申し上げます」

下り列車に乗る若者たち

本書でも記したように、現在のトカイナカエリアには実に様々な才能が集まり、意欲に溢れたプレイヤーが活躍している。そしてその周囲には、彼ら彼女らに憧れる「トカイナカ予備群」が数多いる。ことに近年頼もしいのは、本書にも記したように、若者ほど下り列車に乗ることに抵抗がないことだ。

私は都内（文京区、世田谷区、千歳船橋）とトカイナカエリア（埼玉県ときがわ町、入間市、坂戸市、千葉県海浜幕張）等で子ども作文教室をひらき、作文指導をしている。ある時、

——「便利だけど自然がない」都会と、「不便だけど自然豊か」なトカイナカのどちらに住みたいか。

と聞いて作文を書かせた。すると都会の子どももトカイナカの子どもも、ほぼ一様に「不便でも自然豊か」がいいと書いてきて驚いた。やはり「地方」を志向する、就職を前にした若者の意識の変化は本書に書いた通り。私たちの子ども時代、青春時代は、都会へ都会へ、東京へ東京へと憧れたものだが、確実に意識の変化が起きている。

考えてみれば子どもたちが夢中のYouTubeでは、大自然のなかでのキャンプが大人気だ。一人でテントを張ってキャンプする芸人が子どもたちにとっての憧れの人＝有名人に

なっている。

私たちの子ども時代には、情報の仕入れ先はテレビが主流だった。ドラマではかっこいい都市生活が描かれ、原宿や渋谷に行きたいと思ったものだ。そもそもテレビ番組に出ようとする若者も、番組をつくろうとする若者も、テレビのキー局と準キー局は東京と大阪、名古屋にしかないのだから「上り列車」に乗ることが大前提だった。

ところがYouTubeにはそんな制約はない。どこにいても自分自身を撮って全国全世界に配信できる。テレビ局のスタジオでなくていい。料理好きな子は自宅の台所で料理を撮ればいいし、ファッションが好きならば自分で服をデザインして動画撮影すればいい。その番組が人気になればアイドルにも有名人にもなれて巨万の富を得ることができる。もはや中央に集まる必要はないのだ。

この「集中から分散」は今に始まったことではない。かつて1960年代から70年代の若者は、自分自身で詞を書いてメロディをつけて歌うことに憧れた。それ以前は、楽曲はレコード会社に所属する作詞家と作曲家しかつくれなかった。その制約を破った当時のフォーク歌手やシンガーソングライターは、だからいまの「YouTuber」だったのだ。

2021年6月、第5章にも書いたが千葉県いすみ市に笑福亭鶴瓶がやってきて、NH

Kの『鶴瓶の家族に乾杯』という番組のロケが行われた。鶴瓶とゲストが台本なしに町を歩いて、出会った素人と会話を交わす番組だ。その番組を見ていて改めて驚いた。公園のベンチに座っていた鶴瓶（その後ろにはテレビクルーがいる）のもとに、小学4、5年生の女の子たち4、5人が、興味深そうに集まってきた。鶴瓶はあの人懐こい表情で「おじさんのこと知ってる?」とわざと聞いた。「知ってる、つるべーさん〜」と可愛い声で答えが返ってくると思ったのだろう。私もそう思った。

ところが。子どもたち全員が「しらーん!!」。冗談ではなく、本当に知らないのだ。鶴瓶が驚いて、「んじゃ、普段何見てんの?」と聞くと、子どもたちは「ゆーちゅーぶ〜」。「えっ、おじさんユーチューブにも出てるで」「そんなら検索して見てみる〜」。そんなやりとりがNHKの月曜日19時30分からの番組で流れてしまったのだ。

――テレビの時代は終わった。

と、心の底から思った。と同時に、全てが一度中央に集められる「一極集中の時代も終わった!!」と確信した。

人、モノ、金、情報、全てが東京へ

振り返ってみれば明治維新以降の日本は、「富国強兵」の旗印のもと東京に全ての機能を集めた。政治、学問、ビジネス、交通、報道等、全ての中心は東京につくられた。戦後は「復興」のために、さらにこの「一極集中」が強化された。集団就職列車で若者が集められた。源泉所得税が導入され、給料の1割は予め税金として政府に集められた。持ち家制度（住宅公団をつくった）によって「ウサギ小屋」と呼ばれる家を買うと、もれなく住宅ローンがついてきた。これまた銀行に金が集められ、国債が買われて政府に金が集められる。保険もそう、貯金もそう、人、モノ、金、情報、全てが一度東京に集まってから地方にばらまかれる。そういう国づくりだから明治維新後の富国強兵も戦後の復興も「ジャパン・アズ・ナンバーワン」と言われたバブル期の経済力も短期間でつくられた。それは素晴らしい制度だったのだ。人口が増えて経済が日々成長していた時は——。

けれど状況は反転し、これからは人口は減り、経済成長もなく（むしろ成熟に向かう）、放っておけば地方は疲弊していく。それを少しでも防ぐためには、人、モノ、金、情報の全てを中央集中から「地方分散」へ。下り列車に乗って夢探しができる国にしなければならない。

まず手始めに、「トカイナカ」の魅力を発掘、発信していこう。トカイナカの生活を満喫しよう。
そこでは美味しい有機野菜が採れる。起業してチャレンジングな人生を送る人がいる。素敵な古民家があり、そこで豊かに暮らす人がいる。若者たちが集まって専門知識、技能を学びローカルプレイヤーになる。人生や生き方を変えた人がいる。よそ者の視点を利用して地域に刺激を与える人がいる。それぞれが得意分野で力を出し合って、地域を六次化していく仲間がいる。
だから私は「トカイナカに生きる」。

次はあなたが素敵なトカイナカプレイヤーになる番だ。

取材でお世話になりました全ての方に感謝いたします。

２０２２年５月10日

ときがわ町トカイナカハウスにて　神山典士

執筆者問い合わせ先

■埼玉トカイナカ構想
tokainaka.jp

■株式会社バザール
〒170-0011
東京都豊島区池袋本町4-47-12-1603
080-3252-7449
FAX 03-5950-4847

■トカイナカハウス
〒355-0354
埼玉県比企郡ときがわ町番匠445-1

■神山典士
http://norio-kohyama.com/
mhd03414@nifty.com

Special Thanks

チームトカイナカ（高橋宏幸、新井遥菜、原徹、遠山哲也）
熊木裕高

神山典士（こうやま　のりお）

ノンフィクション作家。1960年埼玉県入間市生まれ。埼玉県立川越高校、信州大学人文学部卒。1997年『ライオンの夢　コンデ・コマ＝前田光世伝』（小学館）にてデビュー。第3回小学館ノンフィクション大賞優秀賞受賞。2012年『ピアノはともだち　奇跡のピアニスト　辻井伸行の秘密』（講談社）が青少年読書感想文全国コンクール課題図書選出。2014年「佐村河内守事件」報道により、第45回大宅壮一ノンフィクション賞（雑誌部門）、第21回編集者が選ぶ雑誌ジャーナリズム賞大賞を受賞。著書多数。
2020年より埼玉県ときがわ町ソーシャルシェアハウス「トカイナカ」にて二拠点生活開始。トカイナカジャーナル責任編集者。埼玉トカイナカ構想代表。北斎サミットジャパン委員会委員長。

文春新書

1368

トカイナカに生《い》きる

2022年 6 月20日　第1刷発行

著　者　　神 山 典 士
発行者　　大 松 芳 男
発行所　株式会社　文 藝 春 秋

〒102-8008　東京都千代田区紀尾井町3-23
電話（03）3265-1211（代表）

印刷所　　大 日 本 印 刷
製本所　　加 藤 製 本

定価はカバーに表示してあります。
万一、落丁・乱丁の場合は小社製作部宛お送り下さい。
送料小社負担でお取替え致します。

ISBN978-4-16-661368-7